HEIDELBERGER AKADEMISCHE BIBLIOTHEK 15

Im Auftrag der
Heidelberger Akademie der Wissenschaften
herausgegeben von
Peter Graf Kielmansegg und
Bernhard Zimmermann

Hans-Joachim Gehrke

Bürgerkriege und Epheben

Prinzipien und Praktiken bürgerlicher Sozialisation im antiken Griechenland

ALFRED KRÖNER VERLAG STUTTGART

Hans-Joachim Gehrke
Bürgerkriege und Epheben
Prinzipien und Praktiken bürgerlicher Sozialisation im antiken Griechenland
1. Auflage
Stuttgart: Kröner 2024
(Heidelberger Akademische Bibliothek: Band 15)
ISBN Druck: 978-3-520-90015-9
ISBN E-Book: 978-3-520-90159-0

Druckprodukt mit finanziellem
Klimabeitrag
ClimatePartner.com/12514-2405-1013

Gesamtherstellung: Friedrich Pustet Regensburg

Inhalt

Vorbemerkung der Herausgeber

Mit der *Heidelberger Akademischen Bibliothek* möchte die Heidelberger Akademie der Wissenschaften ein Forum schaffen, auf dem die Mitglieder der Akademie sich auf eine neue Weise der interessierten Öffentlichkeit vorstellen können. Schon immer haben sich die Akademien der Wissenschaften durch die Publikation der in den Klassensitzungen gehaltenen Vorträge an die Öffentlichkeit gewandt. Aber diese Berichte haben aus vielen Gründen nicht mehr die Bedeutung, die sie einmal hatten. Die Heidelberger Akademie der Wissenschaften stellt ihnen deshalb eine neue Schriftenreihe zur Seite. In der *Heidelberger Akademischen Bibliothek* soll der Idee nach möglichst jedes Akademiemitglied ein für seine Forschungsarbeit charakteristisches Thema in einem wissenschaftlichen Essay so abhandeln, dass die jeweilige Fachwissenschaft davon Notiz zu nehmen Anlass hat, zugleich aber auch eine weitere Öffentlichkeit angesprochen wird. Jedes Mitglied soll, das ist der Gedanke, hier eine wissenschaftliche Visitenkarte abgeben. Und in der Summe der Beiträge soll der Kosmos der Wissenschaften so, wie er in der Heidelberger Akademie der Wissenschaften präsent ist, sichtbar werden, mit der ganzen Vielfalt von Themen, Fragestellungen, Methoden.

Die Heidelberger Akademie der Wissenschaften ist, im Unterschied zu anderen Akademien, noch immer in nur zwei Klassen gegliedert – die mathematisch-naturwissenschaftliche, die die Technikwissenschaften einschließt, und die philosophisch-historische, zu der auch die Sozialwissenschaften gehören. Es sind ganz überwiegend die in der philosophisch-historischen Klasse vertretenen Fächer, die das Buch noch als unverzichtbares Medium und den Essay als eine der Formen wissenschaftlichen Publizierens ansehen. Das spiegelt sich auch in der *Heidelberger Akade-*

mischen Bibliothek wider. Die mathematisch-naturwissenschaftliche Klasse, für deren Fächer inzwischen ganz andere Regeln des Publizierens gelten, wird nicht flächendeckend, wohl aber durch einzelne ihrer Mitglieder in der *Heidelberger Akademischen Bibliothek* präsent sein. Die philosophisch-historische Klasse umfasst aber schon für sich eine solche Fächervielfalt, dass sie einen eigenen Wissenschaftskosmos darstellt.

Wissenschaft und Öffentlichkeit – das ist keine einfache Beziehung, schon gar nicht in Zeiten, in denen die Wissenschaft sich dem Verständnis derer, die nicht selbst als Wissenschaftler tätig sind, immer stärker entzieht; in Zeiten zudem, in denen zugleich der Erwartungsdruck auf die Wissenschaft und das Misstrauen gegenüber der Wissenschaft wachsen. In der *Heidelberger Akademischen Bibliothek* werden vornehmlich die Wissenschaften zu Worte kommen, die sich in besonderer Weise der Frage nach ihrer ›Nützlichkeit‹ ausgesetzt sehen. Die *Heidelberger Akademische Bibliothek* hofft, einen bescheidenen Beitrag dazu leisten zu können, dass sichtbar bleibt, warum wir den Kosmos der Wissenschaften in seiner ganzen Vielfalt und Weite brauchen.

Peter Graf Kielmansegg *Bernhard Zimmermann*

Vorwort

Bürgerkriege und Epheben: eine Verbindung, die, wenigstens in der ersten Assoziation, an unmenschliche Gewalt und anmutige Ästhetik denken lässt. Wir wollen sie gar nicht zusammenbringen, und doch müssen wir das tun, wenn wir die antike griechische Geschichte und Kultur wirklich verstehen wollen. Mit den Schattenseiten habe ich mich bereits in meiner Habilitationsschrift (Gehrke 1985) und danach unter verschiedenen Aspekten intensiv beschäftigt, bis heute. Auf den Zusammenhang zwischen körperlicher und mental-geistiger Erziehung in der Sozialisation junger Männer stieß ich im Rahmen anthropologischer Interessen, die mit einem entsprechenden Schwerpunkt am Freiburger Seminar für Alte Geschichte immer noch einen Platz haben (Gehrke 2006).

So lernte ich mehr und mehr verstehen, dass die dunkle und die schöne Seite im Kern ganz und gar miteinander verschränkt sind, gleichsam zwei Seiten einer Medaille. Ich habe das dann gezielt untersucht (Gehrke 2016, 2019) und eine Gastvorlesung am Collège de France im Februar/März 2015 genutzt, um meine Überlegungen zusammenzufassen und in größerem Rahmen vorzustellen, unter dem Titel »La guerre civile et le corps de l'éphèbe en Grèce ancienne«.[1] Das Thema hat mich nicht losgelassen, und so kann ich hiermit eine Version bieten, die die genannten Arbeiten zusammenfasst und zugleich weiterführt. Ich möchte damit nicht nur eine »wissenschaftliche Visitenkarte« abgeben, wie es in der Vorbemerkung der Herausgeber heißt, sondern auch ein wesentliches Cha-

1 https://journals.openedition.org/lettre-cdf/2111 und https://www.college-de-france.fr/fr/resultats-de-recherche?key=gehrke (abgerufen am 11.9.2023).

rakteristikum altgriechischen Denkens und Handelns vorstellen, das bisher, trotz aller humanistischen Beschwörung des *mens sana in corpore sano,* eher unterbelichtet war. Das sollte in aller Kürze geschehen und soll auch über das Fach hinaus verständlich sein – ich hoffe, mein Eindruck, das sei bei dieser Thematik möglich, hat mich nicht getrogen.

Einige konkrete Vorbemerkungen seien noch hinzugefügt: Wenn ich den Begriff ›Gymnastik‹ verwende, tue ich das nicht im modernen Sinne, schon gar nicht im Blick auf die Disziplin der Sportgymnastik (obgleich es da natürlich Zusammenhänge gibt). Ich gebrauche ihn im Sinne seiner ursprünglichen Konnotation (*gymnastikḗ téchnē*), die sich auf alle Aktivitäten im ›Gymnasion‹ bezieht – das wiederum auch nicht dasselbe ist wie unser ›Gymnasium‹. Diese Hinweise verweisen schon auf ein bestimmtes Verfahren, das ich für dieses Buch gewählt habe. Ich habe mich nämlich bemüht, die alten Griechen möglichst selber zu Worte kommen zu lassen, auch in etwas längeren Passagen.

Naturgemäß geht das bei einem Buch mit der genannten Zielsetzung nur in Übersetzungen. Diese stammen von mir, wenn es nicht anderweitig vermerkt ist. Zugleich habe ich dabei wichtige Begriffe in lateinischer Umschrift gegeben und mit Akzenten sowie diakritischen Zeichen versehen, die in unserem Alphabet nicht vorhandene Unterscheidungen (besonders die zwischen *épsilon* und *ḗta*, *ómikron* und *ṓmega*) sichtbar machen. Der Lesefluss wird dadurch gewiss etwas gestört, doch die Leserinnen und Leser werden auf diese Weise nicht nur vor ›falschen Freunden‹ wie den schon erwähnten geschützt, sondern können auch die Kohärenz und Konsequenz des griechischen Denkens viel besser erkennen, als wenn sie mit relativ vielen verschiedenen Übersetzungen einzelner Begriffe konfrontiert werden, die alle durchaus richtig sind, aber für ein und denselben Ausdruck oft mehrere Varianten verwenden. Beim Lesen könnte man deshalb an unterschiedliche Wörter denken. Der Terminus *lógos* mag in diesem Zusammenhang am bekanntesten sein, und schnell fallen einem dabei die etwas gewalttätigen Übersetzungsversuche des Dr. Heinrich Faust ein.

Das Gebot der Kürze habe ich insbesondere auch in der Bibliographie und den Anmerkungen strikt befolgt. Die Literaturhinweise nennen diejenigen Bücher, denen ich am meisten zu verdanken habe, und solche, die für weitere Informationen zur Thematik hilfreich sind (und auch anders vorgehen als ich). In den Anmerkungen sind selbstverständlich alle zitierten Quellen und Literaturhinweise angegeben (gerade auch solche, in denen weitere Quellen genannt sind), gelegentlich auch wichtige Positionen und Informationen hinzugefügt, die die von mir gegebene Interpretation stützen und erweitern. Für eine detaillierte Dokumentation sei auf meine oben genannten Artikel verwiesen.

Am Ende soll der Dank stehen. Zunächst möchte ich meinen Freund Denis Knoepfler aus Neuchâtel erwähnen, jetzt Professor emeritus am Collège de France. Er hat mich nicht nur an diese großartige Institution eingeladen, was ich als eine besondere Ehre ansehe, sondern auch meinen Aufenthalt in Paris so angenehm gestaltet, wie es irgend ging. Nicht zuletzt hat er dank seines profunden Wissens in der griechischen Geschichte und Epigraphik viele hilfreiche Hinweise gegeben und mich vor einigen Fehlern bewahrt. Dass wir als Mitglieder der Heidelberger Akademie der Wissenschaften jetzt die Chance haben, einige uns wichtig erscheinende Einsichten zu präsentieren, war eine Initiative von Peter Graf Kielmannsegg. Ihm und dem anderen Herausgeber der Reihe, meinem Freund Bernhard Zimmermann, danke ich für die Aufnahme in diese Reihe, Letzterem überdies für seine großzügige Handhabung des *editing*. Auch den Mitarbeiterinnen und Mitarbeitern der Akademie, der Universität Freiburg und des Verlages, die mit der Arbeit an dem *libellus* befasst waren, besonders Benjamin Harter und Julia Aparicio Vogl, gehört mein Dank.

Freiburg, den 19. September 2023

1. Der Schatten der Stasis

Auf die alten Griechen blickt man immer noch mit Wohlwollen. Sie haben ein gutes Image. Als Ästheten werden sie besonders gerühmt. Auch wenn niemand mehr mit Winckelmann von »edler Einfalt und stiller Größe« sprechen mag, so bleiben sie doch mit angenehmen Vorstellungen der klassischen Schlichtheit und idealen Formgebung assoziiert. Auch im Politischen werden sie gerne positiv gesehen. Sie haben schließlich die Demokratie erfunden. Gerade weil sie freiheitliche Ordnungen geschaffen und verteidigt haben, auch gegen große Übermacht, erscheinen sie als europäische Gründerheroen, ja, »unsere westlichen Werte« werden immer wieder auf sie zurückgeführt. Das ist alles auch deshalb so attraktiv und langlebig, weil es nicht völlig falsch ist – nur ganz einseitig!

Ja, es gab eine schöne Seite: Die Griechen selbst sprachen von *kalokagathía* (›Schön-Gutheit‹) und meinten damit, dass eine moralisch-ethische (mithin innere) Qualität auch in der äußerlich-körperlichen Erscheinung als Schönheit erkennbar wird. In der Gestalt des körperlich makellosen jungen Mannes, des ›Epheben‹, kommt dieses Ideal sinnfällig zum Ausdruck. Wir kennen zahllose Beispiele für entsprechende Darstellungen. Hinter dieser ansprechenden Außenseite verbarg sich jedoch ein gruseliger Kern: eine zutiefst gewaltbereite Gesellschaft und Kultur, die in einem Kult der Schönheit ihre Sehnsucht nach Frieden und Harmonie zum Ausdruck brachte – die sie freilich nie erreichte, oder doch nur um den Preis der Fremdherrschaft.

Schon die besten Kenner des antiken Griechentums im 19. Jahrhundert haben um diese weniger appetitliche Seite sehr genau gewusst. Jacob Burckhardt behandelte in seinen Vorlesungen zur Griechischen Kulturgeschichte eine Anekdote als charakteristisches Exemplum für die griechische Mentalität: Arion von Methymna (7. Jh. v. Chr.), ein großer Lyriker und Komponist, wurde von Seeräubern gefangengenommen. Bevor diese ihn umbrachten, gestatteten sie ihm noch, ein Lied zu singen (was er übrigens zur Flucht nutzte). Die Seeräuber werden von Burckhardt in der stichwortartigen Verkürzung, in der die berühmten Vorlesungen erhalten sind, als typische Griechen vorgestellt: »Sie sind Griechen, also: a) Mörder von Mitgriechen b) kunstsinnig«.[1]

Noch drastischer proklamierte Friedrich Nietzsche:

> In den Griechen ›schöne Seelen‹, ›goldene Mitten‹ und andere Vollkommenheiten auszuwittern, etwa an ihnen die Ruhe in der Größe, die ideale Gesinnung, die hohe Einfalt bewundern – vor dieser ›hohen Einfalt‹, einer *niaiserie allemande* zuguterletzt, war ich durch den Psychologen behütet, den ich in mir trug. Ich sah ihren stärksten Instinkt, den Willen zur Macht, ich sah sie zittern vor der unbändigen Gewalt dieses Triebs, – ich sah alle ihre Institutionen wachsen aus Schutzmaßnahmen, um sich vor einander gegen ihren inwendigen Explosivstoff sicher zu stellen.[2]

Dieser »inwendige Explosivstoff« lag wie ein großer dunkler Schatten über der griechischen Geschichte. Er durchzog das soziale Interagieren und prägte das politische Handeln. Die Griechen hatten darauf kein Monopol (wie man noch heute gut studieren kann). Aber sie kannten extreme und auch im Vergleich hervorstechende Formen der politischen Machtgier und der individuellen Dominanz. *Pleonexía* (›Mehrhabenwollen‹) nannten sie das und bezeichneten damit einen Trieb, der sich im Zuge seiner Befriedigung nicht abschwächt, sondern verstärkt.

1 Burckhardt 2002, S. 134, Anm. 6.
2 Nietzsche 1969, S. 151.

Aus sehr reellen Erfahrungen heraus haben sie eine Figur stilisiert, in der dieser Trieb in allen seinen Facetten verkörpert ist: die Figur des Tyrannen. Bezeichnenderweise war sie Abschreckung und Wunschtraum zugleich; genauer: Griechische Intellektuelle und Künstler malten mit allen ihren Möglichkeiten das Abstoßende und Gefährdete dieser Gestalt aus – man denke an das Damokles-Schwert –, weil sie genau um die große, geradezu sinnliche Attraktivität solcher Herren-Existenz wussten. Was wir in unseren Tagen mit populistisch verkleideten und ganz evidenten Diktatoren erleben, hätten sie leicht in ihre idealtypischen Überlegungen integrieren können.

Das Gegenstück zu dieser Sensibilität für die extreme Herrschaft war eine nicht minder radikale Ausreizung des Freiheitsgedankens. Für die Griechen war man frei nur in einem ganz elementaren Sinne, nur dann, wenn man tun konnte, was man wollte. Sie konnten diese elementare Opposition von Herrschaft und Freiheit gerade deshalb so prägnant auffassen und formulieren, weil sie ihr im sozialen Alltag auf Schritt und Tritt begegneten: im System der Sklaverei, das ihnen auch das begriffliche Instrumentarium für ihre politischen Interpretationen lieferte, *despótēs* vs. *doúlos*, ›Herr‹ vs. ›Sklave‹: Einer konnte verfügen, der/die andere war Verfügungsmasse. Und wer wollte dabei zu Letzterer gehören?!

Es ist im Übrigen ein Charakteristikum der Geschlechterbeziehungen im antiken Griechenland, dass man diese rigide Differenzierung auch auf Männer und Frauen anwenden konnte, wenn man wollte – auch wenn die reale Lage der Frauen und die Art des Umgangs der Geschlechter untereinander nicht auf diese Antithese reduziert werden kann, auch nicht im Selbstverständnis der Griechen. Aber nicht zuletzt ist das ein Grund dafür, dass wir hier von männlicher Sozialisation sprechen müssen. Gerade in

Athen war die Rolle von Frauen auch für den politischen Status relevant, und in religiösen Angelegenheiten waren sie von existentieller Bedeutung, aber *in politicis* dominierten die Männer. Dennoch waren Praktiken und Konzepte weiblicher Erziehung auch mit öffentlicher Relevanz nicht vollkommen unbekannt, insgesamt aber eher randständig.

Aus dem erwähnten Spannungsverhältnis ergab sich ein ganz ambivalentes Verhältnis zur Tyrannis: Einerseits – und als politisch-moralisches Gebot – galt eine konsequente und stets beschworene antityrannische Haltung und Handlung. Ihr Gipfel war die Heroisierung und Legitimierung der Tötung des Tyrannen (die im Übrigen weitreichende Konsequenzen hatte, über Brutus, Cassius und ihre Mitverschwörer gegen Caesar, die Monarchomachen der konfessionellen Kämpfe im 16. und 17. Jahrhundert bis hin zum 20. Juli). Andererseits war man sich nur zu bewusst, dass allein der Tyrann wirklich frei war, weil er eben machen könne, was er wolle – eine durchaus attraktive Existenz. Aus dieser Grundspannung, die in den Köpfen griechischer Akteure ganz virulent war, resultierte eine Entwicklung, die wir ebenso gut kennen wie die erwähnte Mentalität.

Über Jahrhunderte hinweg, ja durch die gesamte griechische Geschichte hindurch herrschte eine Tendenz zu erbitterten und unversöhnlichen Konflikten, die durch Rache und Vergeltung angeheizt wurden und sich nachhaltig auswirkten. Im Inneren der politischen Gemeinschaften konnten diese schnell zu Bürgerkriegen eskalieren – die Griechen sprachen allgemein von *stásis*[3] (wir übernehmen

3 Das heißt eigentlich ›Stand‹ oder ›Halt‹ und wird wohl deshalb auf den gewaltsamen inneren Konflikt übertragen, weil man dort ›Stand‹, also Stellung beziehen muss. Gerade die Schwierigkeit, neutral zu bleiben, also keinen ›Standpunkt‹ zu beziehen, ist ein besonderes Merkmal der Stasis.

das dann als *terminus technicus* ›Stasis‹, Plural ›Staseis‹, analog zu ›Polis‹, Plural ›Poleis‹) oder von *emphýlios pólemos* (›innerer Krieg‹). Außenpolitisch waren diese Konflikte nahezu unvermeidlich mit Kriegen verquickt, die wiederum die inneren Auseinandersetzungen verstärkten und durch diese ihrerseits verschärft wurden: Es handelte sich um eine häufig langwierige, nicht selten schier unendliche Spirale der Gewalt.

Gerade angesichts dieser Gefährdung, die sie nur zu gut wahrnahmen, ja in sich verspürten, unternahmen die Griechen – man möchte fast sagen, verständlicherweise – immer wieder Versuche, das Konfliktpotential, das in diesen Spannungen zum Ausdruck kam, in den Griff zu bekommen, zu bekämpfen, zu kontrollieren, einzubinden oder wenigstens in seinen Konsequenzen abzufedern. Man kann die griechische Geschichte, jedenfalls die der Antike, geradezu als ein ständiges Bemühen verstehen, die Konflikthaltigkeit zu begrenzen und wenigstens ein Gleichgewicht zwischen der Machtgier im politischen Kampf und der Fairness im politischen Leben zu erreichen. Dieses Bemühen, dieser permanente Kampf, war nie gewonnen und nie verloren; das Gleichgewicht blieb stets prekär – und das über Jahrhunderte hinweg, nicht gleichzeitig und überall, aber bald hier, bald dort, zu verschiedenen Zeiten. Die Lösungen, die die Griechen dabei fanden, zeugen von einer sicheren Beobachtungsgabe, scharfer Analyse und unerhörter Kreativität.

Das hatte erhebliche Folgen, denn wenn wir heute von Griechenland als dem Mutterland der Demokratie sprechen (und es wenigstens als ein Muster für die Organisation selbstbestimmter Gemeinschaft ansehen), hängt das direkt damit zusammen. Was den Griechen als Tyrannis vor Augen stand, kennen wir aus zeitgenössischen Diktaturen nur allzu gut. Von dem nun, was sich die Griechen einfallen ließen, um ihren »inwendigen Explosivstoff« zu entschärfen, soll dieses Buch einen Eindruck vermitteln. ›Gemeinschaft‹ ist dabei das Schlüsselwort. Sie war es nämlich, die geschickte Akteure und Politiker immer wieder gegen den Ehrgeiz Einzelner und ihrer Cliquen ins Spiel brachten. Sie stand für den Gegenpol, die Freiheit, insofern die Gemeinschaft selbst ihre eigene Unabhängigkeit verbürgte.

Diese große Antithese zieht sich durch die antike griechische Geschichte hindurch wie ein roter Faden. Dass bei der Festigung des Gemeinschaftlichen gerade die Sozialisation junger Männer, also derer, bei denen der Machttrieb mit all seinen Facetten besonders lebendig war, eine ganz wesentliche Rolle spielte, soll in diesem Buch gezeigt werden. Mir scheint nämlich, dass man zwei wesentliche Elemente der griechischen Kultur, die Belastung durch die Gewalt des Konfliktes und die spezifische Erziehung auf dem ›Nacktplatz‹ (*gymnásion*), bisher so gut wie gar nicht im Zusammenhang gesehen hat. Sie bedingen sich aber gegenseitig.

Zunächst jedoch muss noch konkreter ausgeführt werden, wie dieses spezifische Phänomen der internen Gewalt und Gier zustande kam und wie es sich im Verlauf der griechischen Geschichte insgesamt geäußert hat. Nur dann kann man die drängende Not richtig einschätzen, der die Griechen ausgesetzt waren oder – besser – sich selber aussetzten. Alles begann in der formierenden Phase der griechischen Geschichte nach dem Zusammenbruch der Palastzentren und ihrer Kultur (um 1200 v. Chr.), nach einer ersten Phase hochkultureller Entwicklung in Griechenland mit erheblichen Entlehnungen aus den komplexen Zivilisationen Ägyptens und des Nahen Orients.

Sobald und wo wir nach dem großen Crash vom Beginn des 12. Jahrhunderts eine Ahnung von der Struktur von Gemeinschaften bekommen, lässt sich ein markantes Konfliktpotential und -gehabe beobachten. Das führen uns vor allem Grabanlagen mit recht martialischen Beigaben dank zunehmender und sorgfältiger Grabungsaktivitäten mehr und mehr vor Augen. Wir nennen die dort vornehmlich Bestatteten heute gerne Warlords. Es handelte sich offenbar um Anführer oder Oberhäupter kleinerer Gruppen von Verwandten und Anhängern, die untereinander um Macht und Einfluss rangen, auch unter Anwendung von Gewalt.

Es ist nicht unpassend, dieses rüde Ambiente mit der Welt zu verbinden, die wir in den homerischen Epen, der *Ilias* und der *Odyssee*, greifen können. Gemeinsam mit den Werken Hesiods sind sie die frühesten literarischen Zeugnisse dieser neuen Phase der griechischen Geschichte. Sie wurden erst in oder seit der Mitte des 8. Jahrhunderts v. Chr., womöglich auch noch später, schriftlich fixiert. Aber in ihnen stecken Traditionen mündlich überlieferter Gesänge, die vor allem von Gottheiten und großen Helden kündeten. Ihren Ursprung hatten sie allem Anschein nach in den eher ungefestigten Zeiten des Umbruchs, und ihre Protagonisten hatten sie mit grandiosen Zügen ausgestattet. Jedenfalls können wir uns die Warlords sehr gut so vorstellen wie einen kleinen Achill, Aias, Odysseus oder Diomedes. Alles das, was wir über die Werte und Vorstellungen der großen Epen wissen, hat sich offenkundig in jenen Zeiten herausgebildet.

Selbst wenn das im Einzelnen ungewiss bleibt, so muss man doch festhalten, dass diese Epen in der Form, die sie letztendlich annahmen, eine enorme Wirkung hatten. Es handelte sich um wahrhaft »fundierende Texte« (Jan Assmann). Homer galt als Erzieher Griechenlands, die bei ihm zu findenden Einstellungen und Verhaltensweisen lieferten Orientierung, über viele Jahrhunderte hinweg. Motive und Normen der in den Epen agierenden Götter und Menschen sind mithin – unabhängig von der Zeit ihres Zustandekommens – charakteristisch für den griechischen Wertehaushalt schlechthin. Die Lektüre Homers ist insofern ein Königsweg zum Verständnis der griechischen Mentalität. Und da standen, verkörpert in der ›Wut‹ (*mễnis*) des Achill, Kampf und Konflikt im Vordergrund, aber auch schon das Wissen um deren verheerende Wirkung.

Das spiegelt sich auch in der *Odyssee* wider. In seinen verschiedenen Lügengeschichten, in denen sich Odysseus immer wieder eine andere Identität gibt, erscheint er gern als Kriegsherr und Pirat, der durch Plünderungen und Raubzüge seinen Wohlstand und sein Ansehen, damit aber auch seine Macht vergrößert. Nach seiner Heimkehr rächt er sich auf denkbar brutale Weise an den Freiern seiner vermeintlichen Witwe Penelope und an illoyalem Personal. Das provoziert die Gegenrache der Verwandten und Freunde der Freier. Am Ende der *Odyssee* stehen sich die Feinde, entschlossen zum Kampf, gegenüber: die klassische Figur der Stasis. Nur göttliches Eingreifen verhindert den Bürgerkrieg auf Ithaka.

In diesem Milieu war die maßgebliche Devise: ›Immer der Beste sein und überlegen den anderen‹ (*aién aristeúein kai hypeírochon émmenai állōn*).[4] Man suchte ihr mit vollem Elan zu genügen, im Sinne des Ego, der Familie und der Freundesclique. An erster Stelle stand die Ehre, die eigene und die der Seinen; und diese bestand wesentlich in der Anerkennung durch andere und damit in dem Rang, den man bekleidete, also als ›Bester‹ und ›Überlegener‹. Im sozialen Miteinander herrschten strikteste Regeln der Erwiderung, im Guten wie im Bösen, Vergeltung als Dank und Rache. Strenge Gebote in Bezug auf Freundschaft und Feindschaft prägten die sozialen Beziehungen durch

4 In der *Ilias* zweimal als väterlicher Aufruf an junge Männer formuliert: 6, 208. 11, 784.

und durch. Ehre und Rache bildeten ein Duo, untrennbar wie Zwillinge: Das am weitesten verbreitete griechische Wort für Rache, *timōría*, heißt so viel wie: Achtgeben auf seine Ehre. Verbreitet waren solche leitenden Ideen gerade in den Eliten. Durch Nachahmung, Vernetzung und Solidarität strahlten sie aber auch auf andere Schichten aus.

Traditionelle und religiöse Strukturen und Normen schränkten diese mentalen Orientierungen kaum ein. In dem in der griechischen Kultur so ungemein ausgeprägten Anthropomorphismus dachten und handelten die Götter und Göttinnen letztendlich allesamt auch nicht anders als die Menschen. Auch über die Familie und die Clique hinausgehende Formen von Gemeinschaft kamen dagegen nicht an. Diese rangierten ohnehin erst an zweiter Stelle. Die Akteure aus den Reihen der Elite sahen das Kollektiv allenfalls als Resonanzkörper für Ehre und Ansehen und als Reservoir für Gefolgschaft.

Nach den soziologischen Kategorien von Georg Simmel muss ein derartiger Konkurrenzkampf um etwas Drittes durchaus nicht zerstörerisch wirken, im Gegenteil.[5] Aber in Griechenland gelang es nur bedingt, allseits wirkende Regeln für die Einhegung der Auseinandersetzungen zu schaffen und so die gemeinschaftsstiftenden Elemente des Wettstreits durchzusetzen. Hier richtete sich der Streit häufig direkt gegen den Gegner, durchaus mit dem Ziel seiner Vernichtung, gerade im Vollzug der Rache. Fehden und Kleinkriege waren geläufig. Seit dem 8. Jahrhundert v. Chr. lassen sich nun bestimmte historische Tendenzen und Verläufe mehr und mehr erfassen, schließlich auch, wenigstens da und dort, konkretisieren, die in diesem mentalen Ge-

5 Zum heuristischen Wert von dessen Konzept der Konkurrenz s. Stein-Hölkeskamp/Hölkeskamp 2018.

flecht ihren Ursprung hatten. Die Stasis erhielt ein Gesicht und dessen Züge wurden immer deutlicher.

Ein klares Indiz für Konflikte und Unruhen waren die ausgedehnten griechischen Migrationsbewegungen im Mittelmeer- und schließlich auch im Schwarzmeergebiet, die um die Mitte des 8. Jahrhunderts markant einsetzten. Man spricht von der Großen Kolonisation. Diese rund 200 Jahre anhaltenden Bewegungen hatten gewiss verschiedene Ursachen, besonders ökonomische Notlagen oder ökologische Probleme. Aber ihre Dimension und manche ihrer Verlaufsformen zeigen, dass auch massive interne Konflikte, resultierend in Flucht und Vertreibung aufgrund von politischer Gewalt, eine Rolle spielten. Schon diese welthistorisch folgenreichen Migrationen, nach denen die Griechen, in Platons Worten, um Mittelmeer und Pontus saßen wie Frösche und Ameisen um einen Teich,[6] sind ohne das Phänomen der Stasis nicht adäquat erklärbar.

Gerade angesichts der erwähnten Bedeutung von Anerkennung und Ansehen waren die Granden auf die Gemeinschaft angewiesen. Ihr besonderes Anliegen war es, in diesem weiteren Kreis hoch- oder erstrangig zu sein. Ganz offensichtlich tendierten besonders Mächtige allmählich mehr und mehr dazu, nicht nur ganz vorne zu stehen, sondern in ihren Gemeinschaften zu dominieren. Sie wollten nicht nur mitspielen, sondern die Spielregeln bestimmen, also nicht nur vor den anderen stehen, sondern über sie herrschen – gerade auch über die Standesgenossen und Konkurrenten, die das naturgemäß als besonders bedrückend und ungerecht empfinden mussten. Die Tyrannis war geboren, denn der Begriff, wie die Griechen ihn verstanden, besagt gerade, dass die sozialen und politischen Beziehungen nach dem Modell von Herr und Knecht

6 Platon, *Phaidon* 109ab.

regulierten wurden.[7] Bezeichnenderweise nutzten die Griechen selbst dafür die bereits angesprochene Begrifflichkeit der Sklaverei. Bei allen Kämpfen und Konflikten hatte es dieses Phänomen in dieser Radikalität noch nicht gegeben. Seit dem 7. und vor allem im 6. Jahrhundert prägte die Tyrannis das politische Leben.

Solche Machtergreifungen einiger weniger Personen und ihrer Cliquen, eben der Tyrannen, ergaben sich vor allem in wichtigen, großen und reichen Städten wie Argos, Korinth, Sikyon, Megara, Milet, Athen, Naxos und Samos, vor allem aber auch, mit der Zusammenballung besonderer Macht, in den reichen Gebieten der griechischen ›Neuen Welt‹, in Sizilien und Unteritalien, das bezeichnenderweise ›Groß-Griechenland‹ genannt wurde (und noch heute so heißt: *Magna Grecia*). Es war ein spezifisches Charakteristikum dieser besonderen Form von Machtausübung, dass sie nie Anerkennung gewann, also nicht in eine legitime und insofern prinzipiell stabile Herrschaft überführt werden konnte. Da sie häufig auf konkrete Gewalt zurückgriff, stieß sie zwangsläufig auf Widerstand, der ebenfalls nicht friedlich bleiben konnte. Hier konnten sich der Tyrann und seine Freunde (man sprach von *hetaíroi*, ›Gefährten‹, ›Kameraden‹) dann ihren Feinden gegenüber sehen wie Odysseus mit Vater, Sohn und Knecht den rachgierigen Verwandten der Freier in der *Odyssee* gegenüber: Stasis, nicht nur in der Literatur.

Die Gegner der Tyrannen waren zunächst naturgemäß ihre Standesgenossen, ihre persönlichen Widersacher im Kampf um Ansehen und Macht. Altruistisch handelten

7 Der Begriff *týrannos* hängt wahrscheinlich mit dem luwischen *tarwanis* zusammen, das so viel wie ›Herrscher‹ oder ›Richter‹ bedeutete. Übernommen haben ihn die Griechen jedenfalls in den Kontaktzonen zu den anatolischen Kulturen, besonders zu den Lydern und ihrem Reich.

diese eher nicht, und als echte Verfechter der Freiheit kann man sie auch nicht unbedingt ansehen, weil man eher darauf rechnen konnte, dass sie selber an die Macht kommen wollten. Aber das Verständnis der Tyrannis als Versklavung brachte die Emphase der Freiheit und des Freiseins markant ins Spiel und verlieh den Auseinandersetzungen eine besondere Wucht: Jeder, der frei war, nicht nur die großen Herren, auch die Bauern, Händler, Handwerker und Tagelöhner, wollte unabhängig sein und bleiben. Schon im frühen 6. Jahrhundert, in den politischen Gedichten des athenischen Politikers und Gesetzgebers Solon, wird Tyrannis ganz umstandslos mit Sklaverei assoziiert. So erhielt die Stasis-Konstellation eine weitere Dimension, und das war entscheidend: Gerade auch die Gemeinschaft selbst kam ins Spiel, und damit die Kohäsionskräfte innerhalb der in der Regel überschaubaren Einheiten, der Dörfer und Kantone.

Kräfte dieser Art, jenseits der elitären Solidarität unter *hetaíroi,* gab es nämlich durchaus. Da wirkten zunächst die traditionellen Regeln von Solidarität und Nachbarschaftshilfe, die unter den weniger Mächtigen strenge Gültigkeit beanspruchten und durch allgemeine soziale Verachtung oder Ausgrenzung, sogenannte Schandstrafen, sanktioniert waren. Diese Form von Solidarität war umso mehr gefordert, als sich die reichen Angehörigen der Eliten auch darum bemühten, von Not bedrohte und bei ihnen verschuldete Bauern in ein dauerhaftes Abhängigkeitsverhältnis zu zwingen. Teilweise zeigten sich also Elemente eines Klassenkampfes, die die ursprünglichen Fehden als geringfügig erscheinen lassen konnten.

Dazu trat in zunehmendem Maße auch die Kameradschaft unter Kriegern. Sie resultierte aus einer sich in jener Zeit rasch verbreitenden Kampfweise in der Linie, in einer Phalanx aus schwerbewaffneten Infanteristen (Hopliten).

Sie war erfolgreich aufgrund der Zahl der Kombattanten und ihrer Geschlossenheit. Damit waren dann breitere Kreise jenseits der Eliten gefragt (jedenfalls diejenigen, die sich eine Rüstung leisten konnten, also begütert waren, in der Regel Gespannbauern), und diese waren im Gefecht buchstäblich zum Schulterschluss gezwungen, weil ein Kämpfer mit einem Teil seines Schildes den Nachbarn schützte. Seite an Seite kämpften sie dann für ihre Gemeinschaft.

Kurzum, Solidarität auf verschiedenen Grundlagen förderte auch das Gemeinschaftsgefühl. An diese Gemeinschaft konnte man gezielt appellieren, für sie gebrauchte man das Wort *pólis* (ursprünglich ›Burg‹, ›Stadt‹) und als *polítai* (›Politen‹, ›Bürger‹) verstanden sich die zu ihr Gehörenden.

Dementsprechend gab es auch Politiker, die sich primär im Sinne der Gemeinschaft, der Polis, engagierten. Zu ihnen gehörte der schon genannte Solon. Er wurde in Athen zum Vermittler bestimmt (594 v. Chr.), als sich die politischen, sozialen und wirtschaftlichen Konflikte gerade im Zusammenhang mit der Verschuldung kleinerer Bauern, aber auch angesichts des ungehemmten Machstrebens Einzelner zugespitzt hatten: Etwa eine Generation vorher hatte ein gewisser Kylon versucht, sich an die Macht zu putschen, und blutige Auseinandersetzungen in diesem Kontext verlangten nach Regelungen, die von einem Gesetzgeber namens Drakon fixiert wurden.

Im Rahmen eines größeren Maßnahmenpakets soll Solon nun ein Gesetz gegeben haben, nach dem es die Pflicht der Bürger war, im Falle interner Gewaltanwendung, also im Falle einer Stasis, zu den Waffen zu greifen (sogenanntes Stasis-Gesetz). Das erscheint uns auf den ersten Blick so ungewöhnlich, dass man es sogar für eine spätere Erfindung gehalten hat. Aber gerade das Ungewöhnliche ist ein

Beleg seiner Authentizität. Das Gesetz passt nämlich genau in die Konstellation und den Geist jener Zeit: Die schlichte Zahl der Kombattanten sollte verhindern, dass eine kleine Clique unter einem Anführer die Macht ergreifen konnte. Das bürgerliche Engagement war immer auch ein militärisches, besonders wegen des Kampfes in der Phalanx. Und hier wird es folgerichtig nach innen gerichtet.

Solon selbst sah sich bezeichnenderweise als »einen Markstein zwischen zwei Schlachtreihen«[8]. Das mag schon signalisieren, dass die von ihm projektierte Mobilisierung nicht unbedingt förderlich war. Die Stasis konnte auf diese Weise noch größere Dimensionen annehmen, und was als Heilmittel gedacht war, konnte die Krankheit noch verstärken. Zwar mochte man eine Clique bezwingen können, doch der Kreis der Involvierten war größer und damit auch die Reichweite von Solidaritäts- und Rachepflichten, die in der Regel auch über die Beendigung des Konfliktes hinausreichten. Das Engagement für eine Seite konnte so wiederum zur Stasis führen. Gerade hierin zeigen sich die Allgegenwart und die Unüberwindlichkeit des Problems der Stasis.

Die Kämpfe um und gegen die Tyrannis prägten insbesondere das 6. Jahrhundert. Die Gemeinschaften wurden dabei immer mächtiger. Dank strenger und schließlich auch schriftlich festgehaltener Regeln, Gesetzen (*nómoi*), verliehen sie bestimmten Verhaltensweisen eine neue, rechtliche, das heißt einklagbare Verbindlichkeit. Die Regeln sollten für alle Beteiligten, also alle Bürger (und die jeweils von diesen Abhängigen), gültig sein. Die Polis nahm es sich heraus, selbst über Leben und Tod zu entscheiden und im gegebenen Fall auch in private Angelegenheiten ihrer Bürger einzugreifen. Indem sie wesentli-

8 Solon, *Fragment* 37, 9–10 West; vgl. besonders Loraux 2005, S. 145.

che Elemente der Gewaltausübung an sich zog und dies gesetzlich fixierte, verkörperte die Polis jetzt eine frühe Form von Staatlichkeit. Der wesentliche Punkt war dabei, dass die Gesetzgebung gerade auf die mächtigen Individuen zielte. Auf diese als die unentbehrlichen Akteure, Amtsträger gleichsam, war die Polis für wichtige Aufgaben der Gemeinschaft angewiesen, aber auch und gerade auf sie übte sie ihren Zwang aus: Sie sollten in ihrem Sinne agieren.

Man erkennt: Die Solidarität der Gemeinschaft, die auch eine kriegerische Gemeinschaft war, wurde auf Kosten der individuellen Macht der Eliten gestärkt. Eine Folge davon war auch die zunehmende Verbreiterung der Basis für die politische Beteiligung und Beschlussfassung, in Versammlungen und Beratungsgremien, die jeweils größere Kreise aus dem ›Volk‹ (*dẽmos*) umfassten. So können wir wohl im Hinblick auf manche dieser neuen Ordnungen von Hopliten-Verfassungen sprechen, weil in ihnen diejenigen, die in der Phalanx dienen konnten und für die Polis auch im Kampf mit dem Einsatz ihres Lebens einstanden, die letzte Entscheidungsgewalt hatten. Besser sollte man von Nomokratien sprechen, denn die Herrschaft der Gesetze (in Sparta waren sie sogar im Wesentlichen ungeschrieben, aber umso stärker respektiert) kennzeichnet alle diese neuen Verfassungen. Für uns werden sie insbesondere durch die spartanische Ordnung (*kósmos*) und die Regime in den zahlreichen kretischen Poleis repräsentiert. Bis zum Ende des 6. Jahrhunderts hatten sie sich im griechischen Mutterland weitestgehend gegenüber den Tyrannenherrschaften durchgesetzt, auf Sizilien sollte das noch etwas länger dauern.

Die griechische Polis, die als Markenzeichen der politischen Organisation der Griechen gilt, hatte damit ihre entscheidende Prägung erhalten. Und auch wenn es neben ihr andere Formen politischer Organisation gab und sie selbst vielfältigste Varianten kannte, blieb doch das entscheidende Element die Verbindlichkeit der Rechtsordnung. Freilich wussten aber auch die alten Griechen, bzw. sie lernten es jetzt, dass es mit Gesetzen allein nicht getan ist. Die Gesetze als solche können ja nicht herrschen und müssen von jemandem durchgesetzt werden. Da sie gerade die Mächtigen im Visier hatten, war das aber nicht einfach. Schon in frühen Gesetzen sehen wir, dass man sich besondere Mühe geben musste, die potentiellen Amtsträger überhaupt zum Amtieren zu veranlassen. Sie haben, wie wir gelegentlich erfahren, eben einfach nichts gemacht, wenn es um ihre Freunde ging. Sollte die gesetzliche Ordnung wirklich erfolgreich sein, so musste im Zweifelsfalle wiederum die solidarische Gemeinschaft gegen die Mächtigen aufstehen. Dann sind wir aber wieder bei der Stasis-Konstellation. Sie steckte letztlich in der Institution, war gleichsam eingefroren und konnte sich jederzeit wieder verflüssigen, also virulent werden.

So kamen die Gemeinschaften tatsächlich nicht zur Ruhe. Ihr Funktionieren hing wesentlich vom Einsatz der ihr Angehörenden ab. Doch der angesprochene Ehrgeiz und Machttrieb war ja nicht geringer geworden, und mit der verbreiterten politischen Mitbestimmung über den Kreis der Eliten hinaus erhielt auch er eine breitere Basis.

Das Verlangen nach Partizipation war nicht allein dem Wunsch nach Mitbestimmung, sondern nach Beteiligung an der Gewaltausübung geschuldet. Schnell wurde der Griff nach der Herrschaft zum dominanten Begehren. Und weil die Bedrohung durch Mächtige oder Konkurrenten stets groß war und die Stasis-Konstellation systemimmanent, bestand, wie schon erwähnt, Freiheit letztlich nicht nur in der Freiheit von Herrschaft, sondern in der Ausübung von Herrschaft selbst, weil man sich nur wirklich frei fühlen konnte, wenn man alle Gegner ausgeschaltet hatte und selber dominierte. So radikal ging es gewiss eher selten zu. Aber der Umschlag ins Extrem war gleichsam angelegt in der Mentalität eines vibrierenden Ehrgeizes und in den Mechanismen seiner gesetzlichen Einhegung.

Diese Zusammenhänge verrät schon die Sprache. Begriffe, die Macht und Herrschaft bzw. Stärke und Dominanz bezeichnen, werden auch für die neuen Ordnungen benutzt: *archḗ* und *krátos.* Man konnte, noch in der späteren Staatstheorie, davon sprechen, dass es in der Polis um *árchein* und *árchesthai* gehe, um ›Herrschen‹ und ›Beherrscht-Werden‹. Auch wer nach der gesetzlichen Ordnung ein Amt bekleidete, insofern mit dem aktiven Partizip *árchōn* (›führend‹, ›herrschend‹) bezeichnet wurde, hatte also etwas von einem Herrscher an sich, während an dem anderen, am Passiv erkennbar, der Status des Untertanen haftete. Erträglich war das nur, weil das Teil einer Rechtsordnung war, die nicht zuletzt den Wechsel der Rollen bzw. der Seiten institutionell ermöglichte.

Besonders charakteristisch ist, dass dieser Sachverhalt selbst in den Bezeichnungen der Verfassungen zum Ausdruck kam. Mochte man zunächst vom Wort für Gesetz und Sitte, *nómos*, abgeleitete und programmatisch-normative Begriffe für politische Ordnungen benutzen und von *eunomía* (›gute gesetzliche Ordnung‹) oder *isonomía* (›gesetzliche Gleichstellung‹) sprechen – mit deutlichem Bezug auf die Gesetzlichkeit der neuen Ordnungen –, so benutzte man für sie später, mindestens seit dem 5. Jahrhundert v.Chr., Komposita, die das Herrschen im Namen trugen. Es ging um Olig*archien* und Demo*kratien.* Die Wortwahl zeigt überdeutlich, dass es denn doch letztendlich um Dominanz und Unterordnung ging oder dass man die Verfassungen so verstand. Diese Wortwahl bildete nämlich genau die Stasis-Konstellation ab, um die es nach der

Erweiterung der Partizipation im Kampf gegen die Tyrannis gegangen war.

Oligarchie bedeutet wörtlich ›Herrschaft der Wenigen‹ (*olígoi*), Demokratie ›Herrschaft des Volkes‹ – wobei Demos, wie *plebs* im Lateinischen, durchaus auch die Konnotation des breiten Volkes bzw. gerade auch der unteren Schichten hatte. Und dann klingt Demokratie nicht anders als ›Diktatur des Proletariats‹. Dass das in den Augen vieler Griechen, auch berühmter Köpfe, so wahrgenommen wurde, können wir gut nachverfolgen. Später, als sich die Bedeutung des Begriffs schon in Richtung ›Republik‹ entwickelt hatte, wählte der Historiker Polybios für die ältere Variante den Begriff ›Ochlokratie‹, wörtlich ›Pöbelherrschaft‹. Aber worum es im Kern ging, zeigt Aristoteles' Definition, in der die Oligarchie die Herrschaft der Reichen und Demokratie die der Armen ist, in ihrem jeweiligen Eigeninteresse ausgeübt.[9]

Entscheidend ist in der Tat die Frage nach der Ausdehnung der Beteiligung an den politischen Rechten. Oligarchie und Demokratie stehen dabei zunächst für ein jeweils sehr großes Spektrum an Varianten und Graden von Radikalität und Exklusivität. Ein Blick in die *Politik* des Aristoteles kann das lehren. Im Kern aber ist eine Oligarchie eine Verfassung, in der begüterte bzw. reiche Bürger verfassungsmäßig dominieren, also die Polis mehr oder weniger lenken. Sehr häufig wird die Ausübung der politischen Rechte an einen bestimmten Besitz geknüpft. Dieser Zensus kann die unterschiedlichsten Höhen haben, woraus sich auch innerhalb der Oligarchien erhebliche Unterschiede ergaben. In der Regel sind die Begüterteren in der Minderheit, kommt also der Charakter des Begriffs zum Ausdruck. Bei einem niedrigen Zensus kann aber in

9 *Politik* 3, 7, 1297 b 7–9. 8, 1297 b 17–1280 a 6.

der Tat – wie schon Aristoteles betont – die Gruppe der ›Wenigen‹ numerisch die Mehrheit der Staatsbürger stellen. Für die Demokratie ist demgegenüber kennzeichnend, dass es um das Bestreben geht, möglichst alle freien Männer und Bürger an der Ausübung der politischen Rechte teilhaben zu lassen. Auch hier gab es viele Modifikationen, aber dass das breite Volk, eben der Demos, im Zentrum stand, war klar.

Wenn wir von Oligarchie(n) und Demokratie(n) sprechen, ist das schon eine gewisse Zuspitzung, angesichts des Reichtums an Varianten und Mischformen. Aber um Zuspitzungen geht es durchaus, zumal wenn es sich um Stasis und Bürgerkrieg handelte. In den im Wesentlichen seit dem Ende des 6. Jahrhunderts existierenden Verfassungen dieses Typs war nun der politische Kampf gerade auf die Ausdehnung der politischen Mitsprache und Teilhabe gerichtet. Es ging weniger um den Kampf gegen potentielle Tyrannen (obgleich der nie abriss) als um die Frage, wer dazu gehörte und wer das Sagen hatte, eher bzw. möglichst wenige oder eher viele, nach Möglichkeit alle (Bürger).

In den Konflikten ging es also vornehmlich um Herrschaft im System und den Anteil daran. Gerade Mächtige und Angehörige der Elite taten sich dabei hervor, doch angesichts der neuen Partizipation mussten sie Anhänger finden bei Reicheren oder Ärmeren, sehr vereinfacht gesagt. Zugleich nutzten sie alle bestehenden Spannungen, um ihren Auseinandersetzungen Treibstoff zuzuführen, vor allem jegliche Form von politischen, sozialen und ökonomischen Differenzen und Konflikten. Der virulente Machthunger und die Bemühung um Mitsprache, also im Zweifelsfalle auch Mitherrschaft und auf jeden Fall um Freiheit von der Dominanz der anderen, befeuerten diese Konflikte. Sie steigerten sich dann wieder zur Stasis und immer mehr, angesichts der immer breiteren Basis, zu Bürgerkriegen. Selbst wenn keine Gewalt im Spiel war, musste und konnte man damit rechnen, dass es in einem Gemeinwesen brodelte.

Besonders schnell konnten die latenten Spannungen virulent werden, wenn eine Polis in einen außenpolitischen Konflikt oder gar in einen Krieg geriet. Dann sank nicht nur generell die Schwelle für die Ausübung von manifester Gewalt, sondern boten sich auch Gelegenheiten zu Umsturz in Kollaboration mit dem Gegner. Und Kriege unter den Griechen, aber auch mit anderen Stämmen und Reichen gab es zur Genüge. Es bildete sich seit dem 6. Jahrhundert, vor allem mit der wachsenden Bedeutung Spartas, auch ein gewisses Staatensystem heraus, in dem es jeweils bestimmte außenpolitische Machtkonstellationen gab, mit größeren, mittleren und kleineren Mächten. Um im Inneren ihrer Polis zu dominieren, lag es dann für die jeweiligen Kontrahenten bzw. Gruppierungen nahe, bei einer größeren ausländischen Macht Unterstützung zu suchen. Und diese ließ sich in der Regel nicht lange bitten. Es handelt sich hier geradezu um eine Gesetzmäßigkeit der griechischen Geschichte und ein besonderes Charakteristikum der Stasis.

Ein derartiges Zusammenspiel lag nicht zuletzt im Interesse der Großmächte, wie der Perser, der Athener und der Spartaner, denn es konnte ein probates Mittel zur Beherrschung werden: Sie stützten sich auf Satelliten und Parteigänger in den dominierten Staaten, eine ›Fünfte Kolonne‹, die schon im Eigeninteresse loyal und solidarisch mit der Großmacht agierte, dieser im Zweifelsfalle näher verbunden als ihren eigenen Mitbürgern. Im Falle von Vertreibungen und Verbannungen konnten die unterlegenen Parteigänger beim ›Großen Bruder‹ ins Exil gehen und eben dort Unterstützung bei ihren Kämpfen um die Rückkehr in die Heimat und den erneuten Machtwechsel erhalten.

Instruktiv für die Verbreitung dieses Sachverhalts war der Umstand, dass die Einnahme einer verfeindeten Stadt in der Regel durch Verrat erfolgte.

Kriege waren jedenfalls ein Ferment der Stasis. Die internen Konfliktlinien, die seit dem 5. Jahrhundert vor allem zwischen den Oligarchen und den Demokraten verliefen, verbanden sich mit außenpolitischen Konstellationen, was zu bestimmten Korrelationen führte. Diese kamen auch sprachlich auf charakteristische Weise zum Ausdruck: Aktive Gruppen von Anhängern bestimmter Großmächte wurden als *mēdízontes, attikízontes* oder *lakonízontes* bezeichnet, also als ›Perser-‹ (Meder im Sinne von Perser), ›Athener-‹ oder ›Spartanerkumpane‹ (lakonisch als Sammelbegriff für Sparta). Schon im Laufe des 5. Jahrhunderts ergab sich daraus geradezu eine Analogie zwischen demokratischen Politikern und Athenfreunden, zwischen Demokratie und Athen-Orientierung (*attikismós*), sowie zwischen Oligarchen und Spartafreunden, zwischen Oligarchie und Bindung an die Lakedämonier (*lakonismós*). In der modernen Forschung wird immer wieder diskutiert, ob jeweils die innere oder die äußere Seite der Konflikte wichtiger war. Diese Debatte ist fast überflüssig, denn überwiegend ging es den Aktivisten in erster Linie um die Macht selbst, und die Ausrichtung in der Innen- und Außenpolitik war eher ein Mittel zum Zweck.

In der Folgezeit veränderten sich solche Relationen im Verhältnis zu den jeweiligen Machtkonstellationen und mit Bezug auf die jeweiligen Hegemonialmächte ständig: Im 4. Jahrhundert traten neben den oben genannten Gruppen die Prothebaner und Promakedonen auf, bevor die Diadochenkriege und die monarchischen Konflikte des Hellenismus das Spektrum weiter vergrößerten. Schließlich zeigte die römische Macht, die sich sehr schnell der erwähnten Mechanismen bediente, dass erst dann Ruhe einkehrte, wenn eine Großmacht ohne Konkurrenz herrschte, wie das seit dem Sieg Roms über das makedonische Reich der Antigoniden in der Schlacht von Pydna (168 v. Chr.) der Fall war. Aber das war wenig mehr als eine Friedhofsruhe. Es ist bezeichnend, dass sie immer dann in Frage gestellt war, wenn eine Alternative am Horizont auftauchte (z.B. Mithridates, der König von Pontus im 1. Jahrhundert) oder wenn es innerhalb der römischen Führungsschicht zu Differenzen kam, wie in den Bürgerkriegen der späten Republik oder den Konflikten und Usurpationen der Kaiserzeit.

Angesichts der stets latenten und oft genug manifesten Krisen und Unruhen verwundert es nicht, dass es immer wieder Versuche gab, die Phänomene und ihre Konsequenzen politisch und juristisch zu bewältigen. Diese zeugen von hoher Einsicht in die Problematik und in die wesentlichen Elemente der Stasis. Höchst geschickt setzten die Maßnahmen, die man erfand, an zentralen Punkten an. Gegen die Racheexzesse, die aus den Gewaltsamkeiten resultierten und *ad infinitum* tendierten, setzte man auf das Vergessen der Untaten, auf Amnestie im Wortsinn (also so viel wie bewusste kollektive Amnesie). Man schwor dann, sich an die schlimmen Dinge nicht mehr zu erinnern (*mē mnēsikakeín*).[10] Verschiebungen im politischen System und in den Besitzverhältnissen, die durch die revolutionären Auseinandersetzungen bedingt waren, suchte man durch Maßnahmen und Sanktionen von ausgeprägtem Kompromisscharakter zu regulieren. Im 4. Jahrhundert nutzte man ein neues Element des Völkerrechts, den ›Allgemeinen Frieden‹ (*koinḗ eirḗnē*) unter den Griechen, nicht nur zur zwischenstaatlichen Einigung, sondern auch zur Garantie der bestehenden inneren Ordnungen.

10 Hierzu s. jetzt die prägnante Studie Bernstein 2023.

Das alles konnte funktionieren, wurde aber immer auch unterlaufen. Im Zweifelsfalle triumphierte der Egoismus der Macht. Bezeichnenderweise diente das wohlüberlegte Konzept der *koinḗ eirḗnē* dem neuen und überlegenen Hegemon Philipp II. von Makedonien als Instrument zur Etablierung seiner Herrschaft über die griechischen Staaten im sogenannten Korinthischen Bund (338/337 v. Chr.). So konnte die Remedur immer wieder die Krankheit fördern. Mit dem römischen Historiker Livius, der sich übrigens auf vergleichbare Situationen in der späten römischen Republik bezog, hätte man sagen können: *nec vitia nec remedia pati possumus* (›wir können weder unsere Laster noch die Heilmittel dagegen aushalten‹).[11] Im römischen Weltreich ging es seinerzeit noch um ganz andere Dimensionen als in den kleineren griechischen Staaten. Aber in Relation waren die Ausmaße der Stasis dort kaum geringer.

Auch wenn uns nur wenige Quellen zur Verfügung stehen und wir daher mit einer hohen Dunkelziffer rechnen müssen, sticht zunächst die Frequenz der bürgerkriegsartigen Auseinandersetzungen ins Auge, die sich aus den genannten Gründen mit der Häufigkeit der Kriege in Zusammenhang bringen lässt. Einige Zahlen mögen als Beispiel dienen: Für den Peloponnesischen Krieg (431–404) sind 87 Staseis für einen Zeitraum von etwa 30 Jahren bezeugt, also durchschnittlich drei pro Jahr. Während des Korinthischen Krieges (395–386) sind es 3,5 pro Jahr und während der thebanischen Hegemonie (371–362) waren 37 dieser Bürgerkriegsausbrüche über einen Zeitraum von 10 Jahren verteilt.

Zugleich war die Zahl der Betroffenen und der Opfer sehr hoch. Sie bleibt zwar weit hinter den Dimensionen zurück, an die wir uns in modernen Zeiten und besonders

11 Livius, *Ab urbe condita*, prooemium 9

aktuell gewöhnen mussten – man denke nur an den Bürgerkrieg in Syrien. Aber prozentual gesehen ergibt sich aus ihr dennoch ein erschreckendes Bild. Schauen wir uns einige Zahlen genauer an: In Korinth gab es 392 v. Chr. etwa 620 Opfer (500 Flüchtlinge, 120 Tote), was etwa 5 bis 6 Prozent der Zivilbevölkerung entsprach; für Samos (405 v. Chr.) ist von 600 Opfern die Rede (400 Flüchtlinge, 200 Tote), was einer Quote von etwa 7,5 Prozent entspricht; der Stasis in Phleius im Jahr 379 v. Chr. und in den folgenden Jahren fielen weit über 1000 Menschen zum Opfer, also über 20 Prozent der Bevölkerung; in Milet im Jahr 405 v. Chr. sind etwa 1340 Opfer (1000 Flüchtlinge, 340 Tote) bezeugt und das ist ein Anteil von etwa 33 Prozent.[12]

Charakteristisch ist auch, dass es oft zu einer regelrechten Spaltung des Staates kam, die relativ lange bestehen konnte: Eine Gruppe übernahm die Macht in der Stadt und tötete oder vertrieb ihre wichtigsten Feinde. Diese Exilanten schufen auf dem Gebiet der Polis, oft im Bereich der Grenzen, die nicht selten gebirgig waren (die sogenannte *eschatiá*), oder auf dem Gebiet einer benachbarten Polis ein politisches Zentrum, von dem aus sie, oft mit Unterstützung von außen, Krieg gegen ihre Landsleute führten. Man nannte solche Gruppierungen dann ›die Athener aus der Stadt‹ und ›die Athener vom Piräus‹ oder ›die Samier‹ (schlechthin) und ›die Samier von Anaia‹. Nach der Tyrannis der Dreißig in Athen bestand eine solche ›Zweistaatlichkeit‹ zwischen Athen und Eleusis für etwa zwei Jahre (403–401). Solche Konstellationen waren in Zeiten allgemeiner Kriegshandlungen geradezu zu erwarten, und diese waren, wie schon erwähnt, in Griechenland alles andere als selten.

12 Vgl. Gehrke 1985, S. 259–261.

Angesichts dieser schweren Belastungen muss man sich fragen, warum die griechische Polis als politisches Regime überhaupt langfristig existieren und sogar eine solche Stabilität erreichen konnte, dass sie auch in den hellenistischen Reichen und im Römischen Reich als administrative und autonome Grundeinheit der politischen Ordnung dienen konnte und dass wir ihre Vitalität noch heute in den Ruinen ihrer Städte bewundern. Ich denke, der wesentliche Grund dafür lag darin, dass die Griechen selber mit diesen Konfliktkonstellationen und dieser offenen Konfliktbereitschaft nur zu gut vertraut waren. Sie haben viel darüber nachgedacht und viel unternommen, um mit diesem Übel umzugehen. Bis zu einem gewissen Grad ist es ihnen gelungen, die Gefährdung durch verschiedene Mittel immer wieder zu reduzieren, das Gewicht des Trennenden durch die Stärkung des Gemeinsamen auszugleichen, das Gift des Bürgerkriegs durch Gegenmittel zu neutralisieren. Auf lange Sicht herrschte ein heikles und prekäres Gleichgewicht. Und wir können nicht sagen, was erstaunlicher ist: die grundsätzliche Bereitschaft, jederzeit zur Gewalt zu greifen, oder die Kreativität bei der Suche nach Abhilfemaßnahmen.

Aber wie erreichten die Griechen das konkret? Von einigen Praktiken und Regulierungen war bereits die Rede, aber auch von deren Ambivalenz. Gerade diese unterstreicht ja das Spannungsverhältnis zwischen individuell-parteiischem Machtanspruch und solidarischem Gemeinschaftsgefühl. Daneben beschwor man immer wieder mit aller rhetorischen Kraft, die die griechische Kultur entfalten konnte, die Eintracht (*homónoia*) im Inneren wie nach außen, mit ebenfalls begrenztem Erfolg. Der Hauptgrund für die letztlich erreichte und viele Jahrhunderte anhaltende, wenn auch prekäre Stabilität liegt aus meiner Sicht darin, dass es den Akteuren immer wieder gelang, die Gemeinschaft fest in den Köpfen zu verankern durch einen ausgeprägten Patriotismus für die Polis, der durch entsprechende Geschichtsvorstellungen untermauert wurde – durchaus vergleichbar dem modernen Nationalismus. Aber es ging nicht nur um die Köpfe, sondern auch um die Körper, vor allem die der jungen Männer – also der effektivsten potentiellen Krieger und ›Bürgerkrieger‹ –, anders gesagt, es ging um eine ›Verkörperung‹ des Gemeinschaftlichen mit geistig-psychischer Wirkung. Es handelt sich um ein für die griechische Kultur spezifisches Phänomen, das im Übrigen auch eine große Folgewirkung hatte, bis in unsere Zeit hinein. Wir wollen das im Folgenden näher anschauen; denn es hat noch nicht die Aufmerksamkeit gefunden, die es unbedingt verdient.

2. Die Stasis und Platons Antwort

Von Heilmitteln haben wir schon gesprochen. Aber vor der Therapie steht die Diagnose. Die soll auch hier am Anfang stehen. Angesichts der Bedrohung durch die Stasis ist es nicht verwunderlich, dass sich griechische Denker schon von Anfang an mit dieser auseinandergesetzt haben. Man denke nur an die oben angesprochenen homerischen Epen, besonders das Ende der *Odyssee*. Auch ansonsten gibt es zahlreiche Zeugnisse solchen Nachdenkens.

Die geradezu klassische Analyse stammt aus der Feder des Historikers Thukydides. Er hat eine Stasis, die sich ziemlich zu Beginn des Peloponnesischen Krieges in Korkyra ereignete (427), exemplarisch beschrieben und anschließend in einem längeren Abschnitt im Hinblick auf die Psychologie und Mentalität des Bürgerkrieges interpretiert (3, 70–85). Man nennt diese paradigmatische Deutung gerne ›Pathologie‹, und man kann sie durchaus mit der entsprechenden Charakterisierung der Seuche in Athen und ihrer Folgen (2, 48–54) vergleichen. In dem dichten, aufgeladenen Text streicht Thukydides die Verbindung der fundamentalen, von Machtgier und Ehrgeiz geprägten Motivation mit der nur sekundären und – wie wir sagen würden – ideologischen Verbrämung eindringlich heraus und verweist vor allem auf die damit verbundene Perversion des Denkens und Fühlens. Was die Stasis ausmacht, ist hier auf den Punkt gebracht:

> Viel Schlimmes brach über die Staaten herein infolge der Bürgerkriege; und solches geschieht und wird immer geschehen, solange die Natur des Menschen die gleiche bleibt, schlimmer oder weniger schlimm und auf unterschiedliche Weise, je nachdem, wie sich jeweils die Umstände verändern. In Frieden und Wohlstand herrscht unter den Staaten und

unter den Individuen eine positive Einstellung den anderen gegenüber, denn man gerät ja nicht in unfreiwillige Not. Der Krieg aber, der das alltägliche Wohlergehen beseitigt, ist ein brutaler Lehrmeister und passt die Wut der meisten den Zuständen an.

[...] Ausgangspunkt von allem aber waren Machtgier (*pleonexía*) und Ehrsucht (*philotimía*); und daraus resultierte unbedingter Siegeswille (*philonikía*), wenn es denn ums Ganze ging. Die in den Staaten führenden Politiker führten wohlklingende Bezeichnungen für ihre Ziele im Mund, politische Gleichberechtigung (*isonomía*) der Masse oder zurückhaltende Dominanz der Besten (*aristokratía*). Sie gaben vor, der Gemeinschaft zu dienen, die sie doch zu ihrem Kampfpreis machten. Auf alle erdenkliche Weise versuchten sie, sich gegenseitig zu unterdrücken. Sie riskierten das Schrecklichste und überboten sich noch in der Rache. Dabei bildeten nicht Gerechtigkeit und Staatswohl die Richtschnur, sondern das, was ihnen Lust bereitete, und sie waren bereit, entweder mit illegalen Prozessen oder mit nackter Gewalt Herrschaft zu gewinnen und ihre Machtgier zu befriedigen. So galt Frömmigkeit niemandem etwas, Anerkennung brachte es, wenn man etwas Empörendes tat, dies aber mit einem wohlklingenden Wort verbrämte. Die Neutralen unter den Bürgern wurden von beiden Seiten vernichtet, entweder weil sie nicht mitkämpften oder aus Neid, weil sie noch übrig waren. So fand jede Form von Verbrechen (*kakotropía*) durch die Bürgerkriege Eingang in die griechische Welt. (3,82,2. 82,8–83,1)

In dem Handbuch zum Schutz vor Belagerungen, das Aineias von Stymphalos (genannt Aineias, der Taktiker) im 4. Jahrhundert v.Chr. verfasste, wird die Spaltung der Bürgerschaft wiederholt als besondere Gefahr genannt. Wie schon erwähnt wurde, war der Verrat von innen die beste Art, eine befestigte Stadt einzunehmen. Man konnte fast immer mit der Existenz von Kollaborateuren rechnen, die mit dem herrschenden System oder den Regierenden nicht gut auskamen und daher bereit waren, den Feind und die aus der Stadt Verbannten oder Emigrierten, nicht selten die eigenen Freunde und Parteigänger, zu unterstützen. Deshalb empfahl Aineias Sicherheitsmaßnahmen, die wir mit totalitären Staaten in Verbindung bringen, wie etwa die strenge Kontrolle der Kommunikation, also den Missbrauch des Postgeheimnisses (*Poliorketika* 10,5), wie wir heute sagen würden.

In seiner *Politik* hat Aristoteles das bipolare Element, das in der Stasis-Konstellation zum Ausdruck kommt, sehr knapp und unter Rückgriff auf einen charakteristischen Eid herausgestellt:

> Fehler macht man sowohl in Demokratien als auch in Oligarchien, und zwar in den Demokratien, wo die Menge Herr über die Gesetze ist, die Demagogen. Sie spalten nämlich immer die Polis in zwei Teile, indem sie gegen die Reichen kämpfen. Sie müssten aber im Gegenteil immer den Anschein erwecken, sie sprächen zugunsten der Reichen, und <entsprechend> in den Oligarchien die Oligarchen zugunsten des Volkes. Diese sollten auch ihre Eide umgekehrt schwören, als jetzt geschieht. Jetzt nämlich schwören sie in einigen Oligarchien: ›Ich werde dem Volk feindselig gesinnt sein und ihm zum Schlechten raten, so gut ich kann.‹ Man muss aber das Gegenteil annehmen und nach außen kommunizieren, indem man in den Eiden deutlich macht: ›Ich werde dem Volk kein Unrecht tun.‹ (*Politik* 5,9, 1310 a 2–12)

Wie schon betont wurde, gab es neben dieser permanenten Gefährdung, die der innere Krieg bedeutete, ein bemerkenswertes Potential für Versuche, mit den Krisenphänomenen konzeptionell und konkret umzugehen. Es gab sehr unterschiedliche Diagnosen und ebenso viele Vorschläge für Therapien. In dieser Hinsicht taten sich vor allem die griechischen Staatstheoretiker hervor. In der soeben zitierten Passage aus Aristoteles' *Politik* wird ein entscheidendes Motiv eingeführt: der Ausgleich der Gegensätze, genauer: die Reduzierung der Konfliktkonstellation zwischen Arm und Reich in Demokratien und Oligarchien, und sei es auch nur äußerlich oder zum Schein. Demokraten sollten den Staat nicht zerreißen, sondern »im Gegenteil immer den Anschein erwecken, sie sprächen zugunsten der Reichen, und <entsprechend> in den Oligarchien die Oligarchen zugunsten des Volkes« (1310 a 5–7).

Auch die Charakterisierung der real existierenden Verfassungen selbst war durch und durch geprägt von dem Diskurs der Macht und des Machttriebes, wie er in Thukydides' gerade zitierten Worten kondensiert ist. Politische Systeme wie Demokratien, Oligarchien und Tyrannenherrschaften bilden empirisch die große Mehrheit, wie wir noch heute gut nachvollziehen können. Für Aristoteles waren sie aber alle nicht wirklich gute Verfassungen, sondern mehr oder weniger stark verbesserungswürdig. Er nannte sie sogar *parekbáseis*, wörtlich ›(vom rechten Weg) abgewichene‹, ›entartete‹[1] und definierte sie gerade im Hinblick auf den Machtkampf (das eigene Interesse) und die in ihm zum Ausdruck kommende politische Spannung und Konfliktkonstellation: Demokratie ist die Herrschaft der Armen im Interesse der Armen, Oligarchie die der Reichen im Interesse der Reichen, Tyrannis die des Einzelnen im Einzelinteresse. Platon nennt diese drei Verfassungen in seiner Schrift über die *Gesetze* (8, 332c) nicht *politeíai* (›Verfassungen‹), sondern *stasiōteíai*

1 *Politik* 3, 6, 1279 a 17–21. 7, 1279 a 22–1279 b 10.

(›Bürgerkriegsordnungen‹). In den politischen Ordnungen – so die Sicht dieser Intellektuellen – war die Stasis-Konstellation, der radikale Gegensatz, nicht überwunden, sondern verfestigt. Sie waren entsprechend labil – und auch das lässt sich empirisch bestätigen, wie wir gesehen haben.

Angesichts der häufigen Umstürze von Verfassungsordnungen (*metabolaí politeiṓn*) durch Bürgerkriege waren Konzepte zur Erhaltung (*sōtēría*) von Verfassungen erforderlich. Aristoteles widmet diesen in der *Politik* einen langen Abschnitt (5,8–9). Angesichts der Bedrohung durch den Bürgerkrieg kam der Wahrung der Stabilität in den politischen Grundordnungen eine kategorische Bedeutung zu. Sie erhielt einen Eigenwert. Stasis, Anarchie und Anomie waren so ernst und bedrohlich, dass die Aufrechterhaltung einer weniger guten Staatsform besser erschien als der Zustand des inneren Krieges. Jene war dann sozusagen das kleinere Übel. So konnten *realiter* bestehende Staatsformen gedanklich und gleichsam experimentell die Grundlage für weiterführende Überlegungen zur Stabilisierung der Polis bilden.

Schon bei Aristoteles trägt dieses Denken machiavellistische Züge: Gemäß der zitierten Passage über die Konsolidierung von Demokratien bzw. Oligarchien genügt es, den »Anschein« zu erwecken, dass die Interessen der jeweils anderen Gruppe gewahrt werden. In dem Abschnitt über die Aufrechterhaltung der Tyrannis, der schlimmsten aller politischen Ordnungen, wird die Radikalisierung der Macht und die damit verbundene Errichtung eines totalitären Terrorregimes zu Ende gedacht, unter dem Vorzeichen der Stabilität.[2] Wie katastrophal die Bedrohung durch die Stasis war, hätte man im griechischen Vorstellungshori-

2 Vgl. Heuß 1970.

zont nicht deutlicher zum Ausdruck bringen können: lieber unterdrückt als in einen Bürgerkrieg verstrickt, und das war das Schlimmste für Menschen, die sich von Natur aus für frei hielten.

Die hier dargelegte Gefährdung der gesamten politischen Kultur war Platon, dem Lehrer des Aristoteles, nur zu bewusst. Das lag vor allem an seinen eigenen Lebenserfahrungen, gerade in jungen Jahren, die ihn stark geprägt haben. Diese Thematik wird explizit im Siebten Brief erwähnt, den ich jetzt als Ausgangspunkt nehmen will. Das ist nicht unproblematisch, weil dessen Echtheit umstritten ist. Aufgrund seines Duktus und der in ihm enthaltenen Informationen darf man aber davon ausgehen, dass der Verfasser zumindest ein Zeitgenosse mit ausgezeichneten Kenntnissen der Person (Platons) und der Thematik war. Und dann ist die Annahme am plausibelsten, dass es der Meister selber war, der diese Rechtfertigung in Form eines Ratschlags verfasst hat. Jedenfalls spricht nichts dagegen, diesen Brief als Quelle für den inneren Werdegang Platons zu benutzen, zumal die übrigen Informationen, die wir über die allgemeine politische Entwicklung und die Staatstheorie Platons haben, genau dazu passen.

Insbesondere die Ausführungen des Briefes zu Platons Jugendjahren weisen eine starke innere Plausibilität auf. In den Jahren des Peloponnesischen Krieges war Platon als Mitglied der athenischen Elite dabei, in die *jeunesse dorée* Athens hineinzuwachsen. Deren Vertreter können wir in der Figur des Bdelykleon (›Kleon-Hasser‹)[3] in den *Wespen* des Aristophanes und auf der historisch-politischen Ebene in der Person des Alkibiades erkennen. Solche jungen Männer ließen sich von der Philosophie inspirieren, wie

3 Kleon war ein besonders einflussreicher Demagoge, also radikaler Demokrat.

Aristophanes' *Wolken* zeigen.[4] Die Tatsache, dass sie Sokrates folgten und ihn gerne nachahmten, wird von Platon selber in der *Apologie* erwähnt. Dort sagt Sokrates (23c): »Junge Männer (*néoi*) – die, welche am meisten Muße haben, die aus den besonders reichen Schichten – folgen mir von sich aus und haben Freude daran zu hören, wie ich die Menschen prüfe, und oft machen sie mich ihrerseits nach und versuchen dann, andere zu prüfen.«

In solchen Kreisen kursierten auch zahlreiche Überlegungen zum richtigen politischen System. Der gemeinsame Nenner war die Unzufriedenheit mit der traditionellen demokratischen Ordnung. Genau in diesen Zirkeln wurden die beiden Umstürze von 411 und 404 ausgebrütet. Platon war damals noch zu jung, um dabei eine Führungsposition zu übernehmen, aber er war politisch in diesem Sinne sozialisiert. Er vertrat die Idee einer Verfassungsänderung und war ein enger Vertrauter bzw. Verwandter der Politiker, die, nach der Katastrophe Athens von 404, den letzten Putsch, den der sogenannten Dreißig Tyrannen, anführten: Kritias und Charmides. Im Siebten Brief heißt es dazu (324b–e):

> Als ich jung war [Platon war damals 24 Jahre alt], machte ich dieselbe Erfahrung wie viele: Ich glaubte, ich sollte mich, sobald ich mein eigener Herr war, sofort an den gemeinsamen Angelegenheiten der Polis beteiligen. Dabei war ich durch die Umstände mit folgender Lage der Polis konfrontiert: Da nämlich die damalige Verfassung von vielen geschmäht wurde, gab es einen Umsturz (*metabolḗ*), und der Umsturz wurde von 51 Männern als Oberhäuptern angeführt … Dreißig waren als unumschränkte Her-

4 Alkibiades wurde zum Sündenbock schlechthin (Lysias, Reden 14, 30.39); zu dem hier erwähnten Typus s. Aristophanes, *Wolken* 10. 13f. 46ff. 68ff. 83ff. 838.

> ren (*árchontes autokrátores*) über alles eingesetzt. Einige von diesen waren meine Verwandten und Bekannten und riefen mich sogleich zu Aktivitäten auf, die zu mir passten. Ich machte eine Erfahrung, die angesichts meiner Jugend nicht erstaunlich ist. Denn ich glaubte, sie würden die Polis aus einem ungerechten Zustand zu einer gerechten Lebensweise führen und entsprechend verwalten, so dass ich meinen Sinn intensiv auf sie richtete, was sie täten. Und dann sah ich doch, dass diese Leute in kurzer Zeit die frühere Verfassung wie Gold aussehen ließen … So wurde ich wütend und zog mich von den damaligen Übeln zurück.

In der wenig später wiederhergestellten Demokratie wurde Platons Interesse an politischem Engagement wieder wach, wenn auch eher zögerlich. Doch diese Intention endete abrupt, als mehrere führende Politiker Sokrates – für Platon »der gerechteste aller damals Lebenden« (*Siebter Brief* 324e) – mit einer (nach Platon) absurden Anklage vor Gericht zitierten, die zu dessen Todesurteil führte.

> Als ich das alles sah, und die Menschen, die die Politik machten, sowie die Gesetze und die Sitten (*éthē*), schien es mir, je mehr ich das betrachtete und je älter ich wurde, desto schwieriger für mich zu sein, die politischen Angelegenheiten richtig zu betreiben … Der Wortlaut der Gesetze und die Sitten waren zugrunde gerichtet, und es kam noch so viel Erstaunliches dazu, dass mir – anfangs voll von großem Eifer, für die Allgemeinheit zu handeln – mit dem Blick darauf und angesichts allgemeiner Verwirrung zuletzt schwindlig wurde. Ich ließ zwar nicht davon ab zu sehen, ob es nicht eine Besserung in diesen Punkten und in der Frage der Verfassung (*politeía*) generell geben könne, wartete aber immer wieder auf den rechten Moment zum Handeln. Am Ende jedoch verstand ich, dass alle jetzigen Poleis insgesamt schlecht verfasst sind …, und ich war gezwungen,

> offen auszusprechen, mit einem Lob der echten Philosophie (*orthḗ philosophía*), dass es nur von ihr aus möglich sei, alles, was im öffentlichen und im privaten Bereich gerecht ist, zu erkennen (325c–326a).

Es folgt dann das charakteristische Postulat der Philosophenherrscher, dass nämlich entweder die Philosophierenden an die Macht kommen oder die Herrschenden philosophieren sollten; vorher gäbe es für die Menschheit kein Ende der Übel (326ab).[5]

Deutlicher kann man es nicht sagen: Die Leidenschaft, die Platon in die Politik trug (im *Siebten Brief* ist von Begierde [*epithymía*] die Rede, 325a), wurde während Stasis und Umsturz durch die Erfahrung von Terror und uneingeschränkter Rache zutiefst herausgefordert. Spätere Erlebnisse, vor allem in Syrakus, mit seinem Schüler Dion und dem Tyrannen Dionysios dem Jüngeren, bestätigten derartige Erfahrungen. Aber Platon verlor nicht den politischen Impuls. Er gab ihm lediglich eine ganz andere Wendung. Die philosophische Aktion trat an die Stelle des politischen Aktivismus, die Philosophie, besser: das Philosophieren erwies sich als die eigentliche Politik. Man könnte sogar noch weiter gehen und sagen, dass Platons Philosophie als Reaktion auf die Herausforderung durch das Phänomen der inneren Kriege interpretiert werden kann. Mit anderen Worten: Seine Antwort auf die Stasis war das Philosophieren. Doch was bedeutet das konkret und wo finden wir dafür einen ›Sitz im Leben‹?

Das Tun des Sokrates, wie es in der *Apologie* markant charakterisiert und betont wird, liefert uns den Schlüssel: Es ist die Sorge »um das Denken, um die Wahrheit und um die Vervollkommnung der Seele« (29e). Diese Sorge

5 Vgl. auch Platon, *Politeia* 6, 499bc.

um die Seele ist deshalb so wichtig, weil daraus letztlich alles Gute erwächst »für den Einzelnen wie für die Allgemeinheit« (30b). Bei Sokrates findet dieses Gute seinen besonderen Ausdruck in der Gerechtigkeit, also in einer sozialen Kardinaltugend (31e–33a), und es beruht auf der Selbstbeherrschung, zu der die Philosophie führt.

Angesichts der tiefen Skepsis Platons gegenüber Festlegungen, die sich gerade auch auf schriftliche Fixierungen bezieht, besteht sein Philosophieren in einem ständigen Ringen um den besten Weg zu einer gerechten Ordnung, sowohl beim Individuum als auch in der Gemeinschaft der Polis. Der traditionelle Weg mit den oben erwähnten Rezepten der Gesetzesherrschaft – so sehr ihn Platon auch respektierte – versprach keine wirkliche Lösung, denn geschriebene Gesetze waren zu starr und konnten nicht flexibel auf unvorhergesehene und unvorhersehbare Situationen reagieren. Es ging um ein nachhaltiges Suchen, ein dauerhaftes Ringen um Einsicht. Und der beste Weg zu ihr war der philosophische Diskurs, der lebendige Austausch von Fragen und Argumenten im Dialog. Dieses Verfahren diente einem durch und durch praktischen Zweck, nämlich dem, eine wertorientierte Lebensführung zu erreichen, insbesondere ein an Einsicht und Tugend orientiertes Sozialverhalten. In erster Linie musste etwas in den Köpfen verändert, »in den Seelen gezeugt werden«, wie Platon es an anderer Stelle ausdrückt (*Symposion* 209ab). Es ging also um Erziehung und Bildung.

Statt ein festes politisches Programm zu präsentieren, machte sich Platon mit anderen, nicht zuletzt Jüngeren, auf einen gemeinsamen Weg. Die Gründung der Akademie ist ein sehr konkreter Ausdruck dieser Orientierung. Hier philosophierte man gemeinsam, aber nicht im Sinne des *l'art pour l'art,* sondern mit dem Ziel, bessere Polisbürger zu erziehen. Auch wenn sich das Philosophische zunehmend verabsolutierte – es ging ja immer erst einmal um die grundlegenden Debatten um rechte Einsicht –, muss man doch diese ursprüngliche Ausrichtung festhalten.

Bezieht man diesen Sachverhalt auf die vorherigen Bemerkungen über Platons Formung in Zeiten von Krieg und Bürgerkrieg, so könnte man geradezu sagen: Die Akademie war ein Thinktank für die gemeinsame Suche nach sozialen Tugenden. Nicht zuletzt ging es auch um die Ausbildung von Anti-Stasis-Akteuren, die in ihren jeweiligen Gemeinschaften selbstbeherrscht und gestützt auf ein eigenes, begründetes Urteil handelten. Man kann es kaum anders verstehen: Der Kampf gegen die Stasis, insbesondere gegen die psychische Disposition zur Stasis, war ein wesentliches, wenn nicht das zentrale Movens des platonischen Philosophierens. In jedem Fall macht sein Werk deutlich, dass das Philosophieren in erster Linie in der ununterbrochenen Suche nach der theoretischen Fundierung der Gerechtigkeit, aber auch in der Suche nach praktikablen Konzepten für deren Verwirklichung bestand. Dies zieht sich durch seine frühen Werke, angefangen bei der *Apologie* und dem *Kriton* über *Protagoras* und *Gorgias,* die *Politeia* und den *Politikos* bis hin zu den *Nomoi,* der gedanklichen Gründung einer Polis. In immer neuen intellektuellen Anläufen werden Probleme und denkbare Lösungen vorgestellt, begründet, widerlegt und weitergeführt. Hierzu ist schon sehr viel gesagt worden, auch von einigen Riesen, auf deren Schultern ich stehe.[6]

In diesem Zusammenhang kann und muss ich das also nicht näher beschreiben. Ich möchte nur einen Aspekt aus dem Dialog herausgreifen, der allgemein als die wichtigste Schrift zur Staatstheorie gilt und der auch später noch stark

6 Einen souveränen Überblick über Platon und die Platonforschung gibt M. Erler in: Zimmermann/Rengakos 2014, S. 311–348.

gewirkt hat. In diesem Dialog, der *Politeia,* wird deutlich, dass es in erster Linie um die Seele geht – also um das soziale Verhalten und die politische Ethik –, weniger um das System, die politische Ordnung selbst. Angeblich wird diese aus Gründen der besseren Wahrnehmbarkeit eingeführt: Das ganze System, die Staatsverfassung, ist größer und damit leichter zu erforschen als die Seele. Aber natürlich geht es damit um eine Verbindung der psychisch-ethischen mit der politischen Komponente, wobei der Ersteren der Primat zukommt. Die strenge Parallelität zwischen Seele und Gemeinschaft täuscht nicht darüber hinweg, dass die Orientierung auf Wissen und Werte im Vordergrund steht und dass es im pädagogischen Sinne vor allem auf die sittliche und psychische, ja mentale Einstellung ankommt, weniger auf politisch-soziale Strukturen.

Ein Aspekt wird in der *Politeia* deutlich hervorgehoben, und das fällt angesichts der üblichen Ausrichtung der griechischen Staatstheorie, Platon eingeschlossen, sehr auf. Im Allgemeinen hat man dort – in Anbetracht der Kampfkonstellation des Bürgerkrieges durchaus schlüssig – mit binären und antithetischen Kategorien gearbeitet. Überall herrschen strenge Dichotomien: Adel gegen Volk, Reich gegen Arm, Aristokratie gegen Demokratie, Oligarchie gegen Pöbelherrschaft, Tyrannei gegen Kollektiv usw. Auch Bemühungen um einen Ausgleich nach einem Bürgerkrieg und die Überlegungen zur Überwindung des Stasis-Potentials gehen von einer solchen Bipolarität aus. Wie das Beispiel des *Siebten Briefes* zeigt, war solches Kategorisieren auch Platon nicht fremd, und noch charakteristischer ist das bereits erwähnte Rezept des Aristoteles zur Stabilisierung politischer Regime durch einen Ausgleich der Extreme, insbesondere zwischen Demokratie und Oligarchie.

In der *Politeia* dagegen verbindet sich mit der Dichotomie ein Drei-Elemente-System. Dieses wird sogar besonders hervorgehoben, sowohl was die Teile der Seele als auch, was die Ordnung der Verfassung betrifft. Als Elemente der Seele haben wir das *logoeidés* (das ›Vernunftvolle‹), das *thymoeidés* (das ›Kraftvoll-Leidenschaftliche‹) und das *epithymētikón* (das ›Begehrliche‹),[7] im Staat finden wir analog die Philosophen, die Wächter und das arbeitende Volk, eine Art *plebs*. Mit diesen Elementen lassen sich, zumindest teilweise, bestimmte Verfassungen verbinden, Monarchie bzw. Aristokratie (mit dem *logoeidés*), Timokratie (mit dem *thymoeidés*) und Demokratie (mit dem *epithymētikón*). Diese Dreierkonstellation ist ein spezifisches Element, ein Proprium der platonischen Staatstheorie – in einem ganz anderen Sinne als die geradezu logisch-mathematische Einführung der Mitte zwischen Extremen (*mesótēs*) in der aristotelischen Staatstheorie. Das dritte Element, das Platon zwischen dem ›Vernünftigen‹ bzw. dem Herrscher und dem ›Begehrlichen‹ bzw. dem arbeitenden Volk (also in ein durchaus geläufiges antithetisches Schema) einfügt, verdient unsere besondere Aufmerksamkeit.

Im Modell des Staates bilden die Wächter dieses Element, in der Seele ist es die energische, leidenschaftliche, mutige Seite, das *thymoeidés*. In der Welt der Politik kommt es nämlich wegen des bereits erwähnten ›Mehrhabenwollens‹ (*pleonexía*), des »Drangs, immer mehr zu besitzen«,[8] zu Kriegen. Um diese zu führen, braucht es Spezialisten, und

7 Platon drückt sich bewusst künstlich aus; man könnte einfacher auch von ›Vernunft‹, ›Willen‹ bzw. ›Mut‹ und ›Begierden‹ sprechen. Die Verwendung der Adjektive signalisiert aber eine weitere Bedeutung. Die Übersetzung ist hier eher umschreibend, besonders im Falle des *thymoeidés*, weil das Grundwort, *thymós*, im Griechischen ein breites Bedeutungsspektrum hat (vgl. Blößner 1998). Die wichtigsten Nuancen werden aber in den folgenden Erörterungen angesprochen.

8 Das wird konkretisiert in *Politeia* 2, 373d.

diese müssen über die nötige ›Muße‹ (*scholḗ*) sowie über ›Kenntnis‹ und ›Übung‹ (*epistḗmē, melétē, Politeia* 2, 374b–d) in militärischen Angelegenheiten verfügen. Besonders wichtig sind aber die Charaktere bzw. die natürlichen Anlagen derjenigen, die als ›Wächter‹ qualifiziert sind. Diese sind auf körperliche Qualitäten angewiesen und müssen vor allem vom *thymoeidés* geprägt sein. Der *thymós,* also der Mut oder auch Energie, Kraft, Eifer, Leidenschaft, *spirit,* ist ›unbezwingbar‹ und ›unbesiegbar‹ (*ámachon, aníkēton*), und wenn er vorhanden ist, ist die Seele ›unerschrocken‹ (*áphobos*) und ›unüberwindlich‹ (*aḗttētos*) (2, 375ab).

Dieser forcierte Eifer ist jedoch zugleich sozial gefährlich, sowohl innerhalb der Gruppe der Wächter als auch gegenüber deren Mitbürgern. Menschen mit einem solchen *thymós* sind ›Wilde‹ (*ágrioi*). Sie müssen daher noch einen philosophischen Sensus haben und in diesem Sinne ausgebildet werden. Kurz gesagt: »Philosophisch (*philósophos*), leidenschaftlich (*thymoeidḗs*), rasch (*tachýs*) und stark (*ischyrós*), das muss seiner Natur nach derjenige sein, der ein schöner und guter (*kalós kågathós*) Wächter der Stadt werden soll« (2, 376c).

Das Motiv der Wildheit und des Wilden wird von Platon in Bezug auf die Seele vertieft, die ja im Zentrum seiner Aufmerksamkeit steht. Wo ihre drei Elemente erwähnt werden, ist auch ausdrücklich von einer Stasis in der Seele die Rede. Es handelt sich – im Sinne der Bipolarität – um einen Konflikt zwischen dem ›Vernunftvollen‹ und dem ›Begehrlichen‹, vereinfacht gesagt, zwischen Vernunft und Trieb. In diesem tritt das *thymoeidés* der Vernunft als ›Verbündeter‹ zur Seite (4, 441e). Aber das ist alles andere als ein bequemer Alliierter! Eine seiner Leidenschaften ist beispielsweise die Wut über erlittenes Unrecht (4, 440a–c). Diese lässt ihn nicht ruhen und stachelt ihn zur Rache an.

Das wird wieder aufgegriffen am Anfang des 8. Buchs der *Politeia*, mit dem Platon die Qualitätsminderung der Verfassungen bzw. der Seelenzustände zu beschreiben beginnt, die von der Aristokratie über Timokratie, Oligarchie und Demokratie (und den entsprechenden seelischen Zuständen) hinab zur Tyrannis führt. Die erste Stufe dieses Abstiegs besteht in der timokratischen Ordnung und dem entsprechenden Charakter. Im Hinblick darauf werden der Siegesdrang (*philonikía*) und der Ehrgeiz (*philotimía*) als Eigenschaften des *thymoeidés* hervorgehoben (8, 548c). Der timokratische Charakter ist mehr von sich selbst eingenommen (*authadésteros*, 548e) und hochmütig (*hypsēlóphrōn*, 550b), er liebt Krieg, Sport und Jagd (8, 549a). Das »Kraftvoll-Leidenschaftliche« in der Konstellation der Verfassung bzw. der Seele ist also ein ganz ambivalentes Element. Viele der Kräfte, die zu ihm gehören, sind solche, die zum Bürgerkrieg führen. Platon spricht deshalb im Blick auf die Timokratie von einer »aus Schlechtem und Gutem gemischten Verfassung« (8, 548c).

Diese Ambivalenz wird von Platon in ein machtvolles Bild gekleidet, das er im 9. Buch liefert. Dort wird nun die letzte Stufe der erwähnten Entartung der Verfassungen bzw. der psychischen Dispositionen vorgestellt, die Tyrannis und der tyrannische Mensch. Danach greift Platon die zu Beginn des Dialogs aufgeworfene Frage nach gerechtem und ungerechtem Verhalten und den damit jeweils verbundenen Vorteilen wieder auf. So kehrt er am Ende dieses 9. Buches zu der grundlegenden Diskussion über die Ungerechtigkeit zurück, die im 1. Buch mit dem Sophisten Thrasymachos geführt und zu Beginn des 2. Buches von Platons Brüdern Glaukon und Adeimantos als *dramatis personae* vertieft wurde. Hier stand der Zusammenhang zwischen ungerechtem Handeln und dem »Drang, immer mehr zu besitzen« (*pleonexía*) im Mittelpunkt, und damit das zentrale Problem der Stasis. Jetzt, kurz vor dem großen abschließenden Mythos des 10. Buches, rundet sich gleichsam der ganze Dialog (9, 588b). Genau hier nimmt das Bild Gestalt an. Es lohnt sich, es direkt auf sich wirken zu lassen (die Dialogpartner sind Sokrates, der Protagonist, und Glaukon):

> Da wir an diesem Punkt der Rede angekommen sind, wollen wir das zuerst Gesagte wieder aufgreifen, weswegen wir hierhergekommen sind. Es wurde doch gesagt, das unrechte Handeln bringe dem vollkommen ungerechten, aber als gerecht angesehenen Menschen Nutzen. Oder wurde das nicht so gesagt? – Genau so. – Nun also, sagte ich (Sokrates), lass uns mit diesem <, der das behauptet,> ins Gespräch kommen, da wir darüber Übereinstimmung erzielt haben, welche Bedeutung das unrechte und das gerechte Handeln jeweils haben. – Und wie?, sagte er (Glaukon). – Indem wir ein Bild der Seele in Worten formen, damit der, der jenes gesagt hat, sieht, was er gesagt hat. – Was für ein Bild?, fragte er. – Eines von denen, sagte ich, die in den alten Mythen als Naturwesen vorkommen, die Chimäre, die Skylla und der Kerberos und noch viele andere, von denen gesagt wird, dass viele Gestalten durch Zusammenwachsen eins geworden seien. – So wird erzählt, sagte er. – Forme nun eine einzige Gestalt eines bunten und vielköpfigen Tieres, welches ringsum die Köpfe von zahmen und wilden Tieren hat und fähig ist, diese alle aus sich heraus zu ändern und wachsen zu lassen. – Das Werk braucht einen tüchtigen Gestalter, sagte er. Dennoch sei es geformt, weil die Rede leichter zu formen ist als Wachs und anderes Derartiges. – Nun aber auch noch eine andere Gestalt eines Löwen und eine andere eines Menschen. Bei weitem die größte Gestalt sei die erste, danach käme die zweite. – Das ist leichter, sagte er, und es ist geformt. –

> Nun verbinde diese drei zu einer Figur, so dass sie irgendwie miteinander zusammengewachsen sind. – Sie sind verbunden, sagte er. – Nun forme außen um sie herum das Bild eines, nämlich das des Menschen, und zwar so, dass es dem, der das Innere nicht sehen kann, sondern nur die äußere Hülle, als ein Lebewesen erscheint, als Mensch. – Es ist herumgeformt, sagte er. – Dem, der behauptet, es bringe diesem Menschen Nutzen, Unrecht zu tun, gerecht zu handeln aber sei nutzlos, wollen wir nun sagen, er behaupte nichts anderes, als dass es diesem Menschen Nutzen bringe, das vielgestaltige Tier durch gute Behandlung stark zu machen und dazu den Löwen mit allem, was zu ihm gehört, den (inneren) Menschen aber Hunger leiden zu lassen und zu schwächen, so dass er hierhin und dorthin geschleppt werde, wohin eines von jenen Wesen ihn ziehe, und nichts zu tun, um das eine an das andere zu gewöhnen (*synethízein*) und sie zu Freunden zu machen (*phílon poieín*), sondern zuzulassen, dass sie einander bissen und sich im Kampf miteinander auffräßen. – In jeder Hinsicht, sagte er, würde das der behaupten, der das Unrechttun lobt (9, 588b – 589a).

Wir sehen: Das unsichtbare Innere eines Menschen, seine Seele, wird hier im Sinne der erwähnten Dreigliederung als ein Wesen vorgestellt, das aus einem mehrköpfigen Monster, einem Löwen und einem (inneren) Menschen besteht. Durch ungerechtes Verhalten wird dieser Mensch – nach der implizierten Analogie entspricht er dem oben erwähnten ›Vernunftvollen‹ – immer schwächer, während die beiden anderen, die von Natur aus schon größer sind, noch kräftiger werden. So werden diese nicht aneinander gewöhnt und miteinander befreundet, sondern sind gezwungen, »einander zu beißen und sich im Kampf miteinander aufzufressen«.

Aber nicht nur die Seele ist gemeint. Im Staat zerfleischen sich auch die verschiedenen Gruppen selbst, und wie der innere Mensch in der Seele bleibt bei dem Gemetzel die Vernunft auf der Strecke. Das ist Stasis in Reinform. Diesen eigentlichen Kern des Bürgerkrieges hat Platon hier in einmaliger Weise verdichtet. Nie ist meines Wissens das Wesen der Stasis prägnanter formuliert worden als in diesem gewaltigen Bild der Selbstzerfleischung. Gleichzeitig liegt darin ein totales Dilemma: Gegen den Bürgerkrieg muss es nach Platon eine Beziehung, ja eine Allianz zwischen Vernunft und Ehrgeiz, Weisheit und Leidenschaft, Mensch und Löwe geben. Platon plant die in der Realität existierenden gefährlichen Energien, den Ehrgeiz, die Wildheit, den Hochmut und die Wut, mit ein. Er weiß genau, wovon er spricht, und macht die Rechnung nicht ohne den Wirt. Helfen gegen die zur Stasis führende Ungerechtigkeit können nur die Kräfte, die ihrerseits zur Stasis führen können!

Darin steckt in evidenter Weise nicht nur ein Dilemma, sondern ein gewaltiges Risiko. Ein derartiges Heilmittel anzuwenden bedeutet nichts anderes, als mit dem Feuer zu spielen. Und wenn man es nicht schafft, es unter seiner Kontrolle zu halten, ist eine totale Katastrophe, eben die Selbstzerfleischung, die Folge. Der größte Teil der *Politeia* ist konsequenterweise der Frage gewidmet, wie man eine solch fatale Entwicklung durch Erziehung verhindern oder sogar zum Besseren führen kann, insbesondere auf intellektueller Ebene. Dabei geht es nicht nur um das philosophisch-geistige Element, nicht um die radikale Beherrschung des Zorns und des Mutes, nicht um Exerzitien, Askese oder Abtötung. Das gefährliche Element, das notwendig ist, muss – wegen des Monsters – ja erhalten bleiben, ja sogar nützlich gemacht werden. Man muss – um ein anderes Raubtier zu nennen – auf dem Rücken eines Tigers reiten.

Aber wie kann dies praktisch umgesetzt werden? Platon gibt auf diese Frage eine Antwort, die auch als Vorschlag für eine Therapie des Übels der Stasis interpretiert werden könnte. Gerade weil das *thymoeidés*, also Kraft, Mut und Leidenschaft, von Natur aus so wichtig ist, ist die Sensibilität für das Musische und das Gymnastische wesentlich. Sie trägt dazu bei, die oben erwähnte Ambivalenz im Gleichgewicht zu halten, die negativen Aspekte von Eifer und Leidenschaft (die ihrerseits notwendig sind und daher akzeptiert werden müssen) nicht ganz zu beseitigen, ohne sie jedoch zu stark werden zu lassen. Der Sinn für Kunst und Gymnastik fördert ein solches Gleichgewicht, eine Mischung, die die Spannung in und durch Harmonie und Rhythmus ausgleicht (4, 441e–442a) und so in der Seele insgesamt *philía* (›Freundschaft‹) und *harmonía* (443c–e), im Sinne von Gerechtigkeit, schafft. Selbst eine ganz leidenschaftliche Natur findet damit eine innere Balance.

Im 3. Buch der *Politeia* hat Platon einen ganzen Lehrplan für die Ausbildung in den musischen Künsten und den gymnastischen Übungen entfaltet (3, 398c–412b). Hier geht es immer wieder um Ausgleich und Abmilderung, man könnte fast sagen: Sublimierung von Leidenschaften, die gleichzeitig positiv wie negativ sein können. Die in ihnen liegenden Spannungen sollen durch Rhythmik und geordnete Bewegungen aufgelöst werden. Gerade das meint Harmonie: einen Einklang, in dem die Spannungen fühlbar, aufbewahrt, im Hegel'schen Sinne ›aufgehoben‹ sind. So kann am Ende *idealiter* eine aus vielem verbundene Einheit stehen, ein selbstbeherrschtes (*sṓphrōn*) und harmonisches (*hērmosménon*) Wesen (443e). Dann ist der Löwe gezähmt und zugleich noch wild genug.

Das war natürlich kein Patentrezept gegen den Bürgerkrieg, wohl aber eine Voraussetzung dafür, dass der Löwe seine Funktion als Wächter angemessen erfüllen konnte, ohne seine Hauptstärke, das *thymoeidés*, zu verlieren; denn ein völlig gefügiger Löwe ist ebenso nutzlos wie ein ungezähmter. Der Schlüssel zur Zähmung liegt in der Bildung. Sie ist die oberste Richtschnur, die es zu beachten gilt, »das eine Große, von dem man spricht, oder besser das Hinreichende statt des Großen, … die Erziehung und die Aufzucht« (*paideía* und *trophḗ*, 4, 423e). Hierin liegt in Platons Augen das Herzstück der vorgeschlagenen Therapie zur Heilung und Vorbeugung der Stasis; wenn man so will, seine Antwort auf die latente und akute Bedrohung, die vom Bürgerkrieg ausgeht. Ist das eine individuelle Einsicht, entfernt von allgemeinen Konzepten? Oder gibt es Parallelen? Steht Platon mit diesem Urteil allein? Hat er sogar, anders als oft zugegeben wird, damit eine gewisse Wirkung hervorgerufen? Diese Fragen werden uns im Folgenden beschäftigen müssen.

3. Griechische Konzepte der Sozialisierung durch Körper und Geist

Ein konkretes historische Beispiel soll hier den Ausgangspunkt liefern. Es verdeutlicht zugleich, wie es bei einer Stasis konkret zuging. Etwa 200 Jahre nach den furchtbaren Unruhen auf der Insel Korkyra, die Thukydides zu seiner grundlegenden ›Pathologie‹ der Stasis brachten, verwüsteten interne Kriege eine kleine Polis im Norden Arkadiens namens Kynaitha (ihre Lage an der Stelle des heutigen Kalavryta erinnert schmerzlich an ein Massaker, für das nicht die ›alten Griechen‹ verantwortlich waren, sondern deutsche Truppen im Zweiten Weltkrieg)[1]. Die antiken Auseinandersetzungen standen wahrscheinlich im Zusammenhang mit den Sozialreformen des Königs Kleomenes in Sparta und dem damit verbundenen Konflikt zwischen Sparta und dem Achäischen Bund, dem sogenannten Kleomenes-Krieg (229/228–222). Wie seinerzeit Thukydides die Wirren in Korkyra nutzte auch der Geschichtsschreiber Polybios diese Ereignisse zu einer prinzipiellen Stellungnahme zu Ursachen, Begleitumständen und Folgen der Stasis sowie zu Bemerkungen, die sich indirekt auch als Ideen zu deren Prävention und Therapie lesen lassen (4,17,4–21,12). Wie Nicole Loraux herausgearbeitet hat,[2] sind diese Bemerkungen besonders scharf und dialektisch pointiert formuliert. Gerade das aber macht sie zu einem guten Beispiel für die intellektuelle Auseinandersetzung der Griechen mit dem Phänomen des inneren Krieges.

Die Unruhen, die Kynaitha heimgesucht hatten, hatten alles Unheil mit sich gebracht, das solche Fällen regelmäßig begleitet: Polybios spricht von ›Massakern‹ (*sphagaí*),

1 https://www.dmko.gr/ (abgerufen am 16.9.2023).

2 2005, S. 63.

›Verbannungen‹ (*phygaí*), ›Plünderungen‹ (*harpagaí*) und der ›Umverteilung von Landbesitz‹ (*gēs anadasmós*) (17,4). Zudem hatte die siegreiche proachäische Gruppe zum eigenen Schutz gegen die von ihr vertriebenen Emigranten eine Besatzung des Achäischen Bundes aufnehmen müssen. Im Rahmen der Unruhen gab es schließlich ein besonders schlimmes Massaker, das so bekannt war, dass Polybios es nur das ›Große Schlachten‹ (*megálē sphagḗ*) (21,8) zu nennen brauchte. Das Verhalten der Kynaithier gehört bei ihm zu den ›größten Freveln‹ (*asebḗmata meízona*), sie waren dadurch zu Tieren geworden (*apethēriṓthēsan*) (21,6). So galten sie als unrein: Dort, wo ihre Gesandten nach dem ›Großen Schlachten‹ das Gebiet von Mantineia durchquert hatten, schlachtete man seinerseits Opfertiere, um das Land wieder religiös zu reinigen.

Im Einzelnen war Folgendes geschehen: Eine Weile nach den Vertreibungen, um 220 v. Chr., kam es auch unter Vermittlung der Achäer zu einer Versöhnung zwischen der Gruppe, die in der Stadt die Macht ausübte, und den rund 300 Emigranten. Sie wurde durch die stärksten eidlichen Versicherungen bekräftigt und führte zu einem Abzug der achäischen Truppen und einer Teilung der Macht zwischen den Bürgerkriegsgruppen in Kynaitha. Die Vereinbarung wurde jedoch von den ehemals Vertriebenen fast umgehend gebrochen. Polybios betont die darin liegende Perversion und hebt besonders hervor, dass die Rückkehrer gerade im Moment der Versöhnung die Vernichtung ihrer Mitbürger im Sinn hatten: »Sie dachten, wie mir scheint, genau in dem Moment, als sie über den Opfertieren (*sphágia*) einander die Treueeide ablegten, bereits über die Frevel (*asébeia*) gegen die Gottheit und gegen diejenigen nach, die ihnen vertraut hatten« (17,11). Es liegt jedenfalls auf der Hand, dass die Spannungen trotz der scheinbaren Versöhnung immer noch so groß waren, dass die Exilanten nach ihrer Rückkehr die erste Gelegenheit nutzten, um ihre früheren und aktuellen Feinde zu vernichten.

Diese Gelegenheit kam offenbar schnell mit dem Ausbruch der Feindseligkeiten zwischen dem Ätolischen und dem Achäischen Bund (220 v.Chr.), die zum sogenannten Bundesgenossenkrieg (220–217 v.Chr.) führten. Mit Hilfe eines Komplotts ließen die ehemaligen Emigranten ein vor der Stadt auftauchendes ätolisches Heer in die Stadt hinein, um mit ihren Gegnern, mit denen sie sich doch gerade noch eidlich versöhnt hatten, abzurechnen. Genau das aber bekam auch ihnen schlecht. Denn die Ätoler – so hebt Polybios plastisch hervor – »begingen von allen ungerechten Taten gerade diese eine, die die gerechteste war« (18,7): Sie töteten zuerst die Verräter selber, massakrierten dann aber, zum Teil unter Folterungen und verbunden mit Plünderungen, auch die anderen. Als sie sich später zurückzogen, verbrannten sie die ganze Stadt. Abgesehen davon, dass Polybios hier, wiederum auf sehr markante Weise, die Ätoler als ebenso brutal wie die Bürgerkriegsparteien erscheinen lässt, liefert er auch eine prononcierte Charakterisierung des Verhaltens der Kynaithier, in dem schon bekannten Spannungsfeld zwischen Gerechtigkeit und Frevel. Sie führt zugleich einen Schritt weiter (und man muss immer bedenken, dass Polybios selbst arkadischer Herkunft war):

> Die Kynaithier waren durch die Ätoler in großes Unglück und große Not gestürzt worden, hatten das jedoch von allen Menschen offenbar am ehesten verdient. Da nun der Stamm der Arkader insgesamt bei allen Griechen wegen seiner Rechtschaffenheit (*aretḗ*) in großem Ansehen steht, und zwar nicht nur wegen der Gastfreundschaft und Menschenliebe in Brauch und Lebensweise, sondern vor allem auch wegen seines Respekts (*eusébeia*) vor dem Göttlichen, verdient die Wildheit der Kynaithier eine kurze Erörterung

> darüber, wie es kam, dass sie, obgleich zweifelsfrei Arkader, die übrigen Griechen so sehr an Brutalität und Ruchlosigkeit übertrafen (19,13–20,2).

Im Kontrast zu den besonderen Qualitäten der Arkader zeichnen sich die Kynaithier also durch ›Wildheit‹ (*agriótēs*), ›Brutalität‹ (*ōmótēs*) und ›Ruchlosigkeit‹ (*paranomía*) aus. Das passt zu ihrem schon erwähnten viehischen Verhalten. Sie bilden hier das radikale Gegenbild, die Alterität gegenüber dem Guten und Rechten schlechthin. Dass als positiver Pol die Arkader figurieren, wird man dem Arkader Polybios konzedieren. Und viele der markanten Zuspitzungen gehen auf diesen sehr autoritativen Autor zurück. Auf Details kommt es nicht an. Wesentlich für unser Thema ist, wie Polybios die arkadischen Qualitäten begründet, von denen sich die Kynaithier abgewandt hatten. Abgesehen davon, dass bei diesen Qualitäten gerade herausgearbeitet wird, wie wenig sie sich angesichts der natürlichen Voraussetzungen des arkadischen Landes von selbst verstehen, haben sie auch eine besondere Bedeutung im Hinblick auf die Stasis. Da nämlich Polybios die Erklärung für diese guten Eigenschaften gerade im Anschluss an die Schilderung der Grausamkeiten der Kynaithier platziert und so das Positive in der Formung der Arkader mit den negativen Elementen des Bürgerkrieges kontrastiert, bezeichnet er damit nicht nur eine Gegenwelt, sondern implizit auch ein mögliches Heilmittel, ja, mehr noch: ein Präventiv gegen den Bürgerkrieg und gegen die Neigung zu diesem.

Polybios hebt in seiner Erklärung der arkadischen Qualitäten vor allem die Bedeutung der Musik, des Musikunterrichts und der musikalischen Kenntnisse, hervor, insbesondere für die Jugendlichen (*paídes*) und die jungen Männer (*neanískoi*) bis zum Alter von 30 Jahren.

Die Musik, ich meine, die echte Musik, zu üben ist für alle Menschen nützlich, für die Arkader aber notwendig … Es war nämlich sinnvoll, dass die ersten Arkader in ihre gesamte öffentliche Ordnung die Musik aufgenommen haben, und zwar so sehr, dass sie sie nicht nur den Kindern und Jugendlichen, sondern auch den jungen Männern bis zum Alter von 30 Jahren zum vertrauten Begleiter machten, während sie sonst eine raue Lebensweise haben. Denn das ist allen bekannt und vertraut, dass fast allein bei den Arkadern die Kinder vom frühesten Alter an zunächst daran gewöhnt werden, in geregelten Tönen die Hymnen und Paiane zu singen, die man jeweils nach den Sitten der Väter den Heroen und Göttern darbietet.

Danach lernen sie die Weisen des Philoxenos und des Timotheos und tanzen mit viel Ehrgeiz, von den dionysischen (= professionellen) Flötenspielern begleitet, jährlich in den Theatern, die Jugendlichen bei den Jugendwettbewerben, die jungen Männer in denen ihrer Altersklasse. Ebenso gestalten sie ihr ganzes Leben lang ihren Zeitvertreib beim geselligen Beisammensein nicht so, dass sie fremde Musiker engagieren, sondern mit eigener Beteiligung, indem sie einander im Wechsel zum Singen auffordern … Auch den Marschrhythmus zur Flöte und in Reih und Ordnung üben die jungen Männer. Außerdem studieren sie sorgfältig Tänze ein und führen sie jedes Jahr unter allgemeiner Beachtung und auf öffentliche Kosten in den Theatern ihren Mitbürgern vor.

Meiner Ansicht nach haben das die Altvorderen nicht um der Annehmlichkeit und des Luxus willen eingeführt, sondern im Blick darauf, dass sich die Bewohner des Landes mit eigener Hände Arbeit ernähren mussten und überhaupt ein mühseliges und hartes Leben hatten, sowie mit Blick auf die Strenge ihres Charakters (*ḗthē*), die bei ihnen aus der in diesen Gegenden überwiegend vorherrschenden Kälte und

> Unfreundlichkeit des Klimas resultiert … In der Absicht, das Starrköpfige (*aúthades*) und Harte (*sklērón*) ihrer Natur zu mildern und zu mäßigen, haben die Alten all das vorher Erwähnte eingeführt, dazu noch den Brauch häufiger gemeinsamer Zusammenkünfte und Opfer für Frauen und Männer zugleich sowie Tänze von jungen Mädchen und Jugendlichen miteinander.[3] Kurz gesagt, sie haben das alles ersonnen in dem Bemühen, das Unbeugsame (*atéramnon*) der Seele durch die Einrichtung von Gewohnheiten zu besänftigen und zu beruhigen. Die Kynaithier missachteten das vollkommen (20,4–21,5).

Die männliche Jugend der Arkader übte sich also auf sehr unterschiedliche Weise und auf verschiedenen Ebenen (zum Teil auch gemeinsam mit weiblichen Jugendlichen) in der Musik, wobei der von der Flöte vorgegebene Takt (*aulós kai rhythmós*, 20,6) von besonderer Bedeutung war. Darüber hinaus waren die jungen Leute nicht nur mit den dithyrambischen Melodien vertraut, sondern tanzten auch im Theater in Form von Wettbewerben für verschiedene Altersgruppen, voller Ehrgeiz und begleitet durch professionelle Musiker. Einmal im Jahr präsentierten die jungen Männer im Theater das Ergebnis ihrer Ausbildung im Marschrhythmus, in militärischer Ordnung und wiederum mit Flötenbegleitung (20,9. 12).

Polybios sah die Bedeutung dieser Traditionen der Musik, des Tanzens und der koordinierten Bewegung, verbunden mit deutlich kompetitiven Elementen, darin, dass es wichtig war, den aufgrund der geographischen Lage naturgemäß rauen Sinn der Arkader zu mildern und abzuschwächen, weshalb es ihm zufolge auch gemeinsame

3 Man sieht an dieser Stelle, dass auch die weibliche Sozialisation nicht vollkommen ausgeblendet war.

Tänze für Mädchen und Jungen gab. Unabhängig von der charakteristischen Erklärung aus dem Klima heraus, ist die soziale Komponente wesentlich – das wird an den militärisch bedeutsamen Tanz- und Bewegungsübungen deutlich: Denn die »starrköpfigen, harten und unbeugsamen« Naturen wurden gerade durch die ständig wiederholten, rhythmisch geprägten und entsprechend prägenden, auf Musik basierenden Körperbewegungen in die Gemeinschaft geradezu ›hineingeformt‹. Mit anderen Worten: Die Gemeinschaft wurde in den Körper integriert oder ihm gleichsam eingeschrieben, mit den bereits erwähnten Folgen für die geistige und moralische Orientierung.

Polybios verwendet in diesem Zusammenhang den starken Begriff *aúthades,* der besonders charakteristisch ist. Er war uns schon im Zusammenhang mit Platons *Politeia* in dem timokratischen Charakter und dem *thymoeidés* begegnet, nicht zufällig. Dieser schwer zu übersetzende Begriff (wörtlich: ›sich selbst gefallend‹, also ›selbstbezogen‹, aber deshalb auch ›stur‹ und ›starrköpfig‹, vor allem aber: ›auf seine eigene Ehre bedacht‹) verweist auf einen forcierten Egoismus, auf ein übersteigertes Ehrgefühl des Einzelnen und damit auf eine gemeinschaftsschädigende, ja a-soziale Komponente.[4] Es ist eine besonders treffende Beschreibung für die Einstellung, die dank der mit ihr direkt zusammenhängenden Unbeugsamkeit, Ehrpusseligkeit und Rachsucht die Neigung zum Bürgerkrieg befeuerte. Sie zeigt zugleich, womit man es zu tun hatte, wenn man eine Gemeinschaft organisieren und erhalten wollte.

Stellt man Polybios und Platon nebeneinander, so sind die Ähnlichkeiten gerade angesichts des zeitlichen Abstands von zwei Jahrhunderten offensichtlich: Der Grausamkeit der Stasis, dem ›Zerfleischen‹ und ›Schlachten‹,

4 Gehrke 1987, S. 128, mit weiteren Einzelheiten.

stehen Harmonie und Rhythmus gegenüber, vor allem in Form von rhythmisch-musikalischen Bewegungen. Sie erscheinen als Mittel zur Vorbeugung und Heilung dessen, was die Griechen als Krankheit und Unglück ihrer Polis betrachteten. Und was den Tanz betrifft, so waren diese Ansichten ziemlich weit verbreitet. Er konnte eine für die Gemeinschaft wesentliche Bedeutung annehmen und so eine wichtige Rolle im Bildungswesen übernehmen.

Platon spricht von *apaídeutos achóreutos* (*Nomoi* 2, 654a): Wer nicht im Chor zu singen und zu tanzen versteht, ist unerzogen. Wettbewerbe gerade mit Bezug auf Tänze und Chöre waren auch außerhalb Arkadiens weit verbreitet. Beim athenischen Fest der Panathenäen gab es beispielsweise im 4. Jahrhundert Wettbewerbe in kriegerischen und sogenannten pyrrhichischen Tänzen für Knaben (*paídes*), Junioren (*agéneioi*, d.h.: ›bartlose‹) und Männer (*ándres*). Es handelt sich beim Pyrrhichios um eine Art rituellen Tanz,[5] der etwa auch in der euböischen Polis Eretria eine gewisse Rolle spielte. Deutlich ist, dass Platon – so apart sein Modell auf den ersten Blick auch zu sein scheint – kein Einzelfall ist. Jedenfalls ist es alles andere als verwunderlich, dass er selbst in seinem Dialog über die ›Gesetze‹ (*Nomoi*) die Bedeutung der Tanzformen für die Erziehung und den Unterricht hervorhebt – und zwar als Teil der Gymnastik (7, 795d–796d):

> Die zu praktizierenden Unterweisungen (*mathḗmata*) sind sozusagen zweifach, die einen, die auf den Körper bezogen sind, in der Leibesübung (*gymnastikḗ*), die für den guten Zustand der Seele wichtigen in der Musik. Die Leibesübung besteht ihrerseits aus zwei Teilen: Tanz und Ringen (d.h. Sport) (795de).

5 Vgl. Ceccarelli 1998.

Beim Tanz selber kommt es im Hinblick auf den Körper auf das richtige ›Maß‹ (*prosḗkon*) beim Beugen und Strecken, Einziehen und Ausdehnen, an, denn das Ziel ist »eine gute Haltung (*euexía*), Beweglichkeit (*elaphrótēs*) und Schönheit (*kállos*)« (795e). So verbreitet und verbindet sich eine ›wohlgestimmte Bewegung‹ (*eúrhythmos kínēsis*) mit dem gesamten Tanz.[6]

Dass Platon dem Tanz und damit den melodisch geprägten und rhythmisierten Bewegungen als Teil der Leibesübungen insgesamt eine solche Bedeutung zuschreibt, sollte uns nicht überraschen. Dass diese gerade für den timokratischen Charakter und das ›kraftvoll-leidenschaftliche‹ Element der Seele und des Staates wichtig waren, zeigen die erwähnten Anleitungen in der *Politeia*. Der Hintergrund war die Förderung der Gemeinschaftsorientierung angesichts der mentalen Disposition zur Stasis. Platon wusste nur zu genau (und ich denke, auch aus dem Bauch heraus), welche Energien zu respektieren und zu behandeln waren, wenn in Griechenland ein Gemeinschaftsgeist entstehen sollte, und insbesondere, wenn es darum ging, interne Kriege einzuschränken oder gar zu vermeiden. Aristoteles' *Rhetorik* (2, 12, 1389 a 3 – 1389 b 12) lehrt uns auf sehr plastische Weise, womit man es dabei zu tun hatte, wie beschaffen die Natur der Jugend war, die ausgebildet werden musste:

> Junge Männer sind in ihrem Charakter Begierden unterworfen (*epithymētikoí*) und imstande zu tun, wonach ihnen gelüstet. Von den körperlichen Begierden folgen sie am

6 An anderer Stelle (2, 665a) bezeichnet Platon die Ordnung (*táxis*) der Bewegung als ›Rhythmus‹, die des Klangs als ›Harmonie‹ und die Kombination der beiden als *choreía*. Die Bedeutung der *choreía* wird schon in der Beschreibung von Achills Schild in der *Ilias* (18, 478–608) deutlich.

meisten den sexuellen, nicht imstande, diese zu kontrollieren. Dabei sind sie sehr unbeständig und schnell von dem übersättigt, was sie begehren. Sie begehren heftig, hören aber auch schnell wieder damit auf; denn ihre Wünsche sind intensiv, aber nicht schwerwiegend … Sie sind leidenschaftlich (*thymikoí*) und jähzornig und imstande, ihrem Antrieb zu folgen. Ihre Leidenschaft (*thymós*) ist stärker als sie, denn wegen ihrer Ehrsucht (*philotimía*) halten sie es nicht aus, gekränkt zu werden, sondern sind wütend, wenn sie glauben, ihnen geschehe Unrecht.

Sie lieben die Ehre (*philótimoi*), aber mehr noch den Sieg (*philónikoi*); die Jugend drängt nämlich nach Überlegenheit[7], und Sieg ist eine Art Überlegenheit, und beides ist ihnen wichtiger als Geld … Sie sind nicht boshaft, sondern eher gutmütig, weil sie noch nicht viel Schlechtigkeit gesehen haben. So sind sie auch leichtgläubig, weil sie noch nicht viel getäuscht wurden, und optimistisch. Denn so wie Leute im Weinrausch sind die jungen Männer hitzig von Natur aus und zugleich, weil ihnen noch nicht vieles misslungen ist. Und sie leben die meiste Zeit aus der Hoffnung heraus, denn die Hoffnung gilt der Zukunft, die Erinnerung der Vergangenheit, und für die jungen Männer gibt es noch viel Zukunft und wenig Vergangenheit. Am ersten Lebenstag kann man sich nämlich an nichts erinnern, aber alles hoffen. Und so sind sie wegen des Gesagten auch leicht zu täuschen, denn sie hoffen leicht.

Sie sind auch tapferer, weil sie aufbrausend (*thymṓdeis*) und optimistisch sind, denn das eine macht furchtlos und das andere mutig … Und sie haben Schamgefühl, weil sie noch nichts von anderen Werten gehört haben, sondern al-

7 Das griechische Wort *hyperochḗ* erinnert direkt an das oben (S. 12) erwähnte homerische *aién aristeúein kai <u>hypeírochon</u> émmenai állōn* (*Ilias* 6, 208. 11, 784).

lein von Brauch und Gesetz erzogen worden sind. Sie sind großmütig, denn sie sind noch nicht vom Leben erniedrigt worden und mussten noch keine Zwänge erfahren. Und sich selbst großer Dinge für wert zu halten ist Großmut, und das ist auch das Wesen des Optimistischen. Sie orientieren ihr Handeln eher am Guten als am Nutzen. Denn sie leben eher aus ihrem Charakter heraus als aus Berechnung, und die Berechnung bezieht sich auf den Nutzen, die Tugend aber auf das Schöne.

Sie lieben ihre Freunde (*philóphiloi*) und Gefährten (*philétairoi*) mehr als andere Altersgruppen, weil sie Freude am Beisammensein haben und noch nichts nach den Geboten des Nutzens beurteilen, auch nicht ihre Freunde. Und wenn sie Fehler machen, dann ganz besonders stark und heftig, entgegen dem Wort des Chilon [*mēdén ágan* (›Nichts im Übermaß‹), eingefügt H.-J. G.], denn alles machen sie im Übermaß, sie lieben im Übermaß und sie hassen im Übermaß und verhalten sich auch sonst ebenso. Sie glauben, alles zu wissen, und verhärten sich dabei, denn das ist auch eine Ursache für das ›Alles im Übermaß‹. Das Unrecht, das sie begehen, begehen sie aus Übermut (*hýbris*), nicht aus Schlechtigkeit. Sie neigen zum Mitleid, weil sie alle Leute für gut und besser als sich selbst halten. Denn an ihrer eigenen Unschuld messen sie die anderen … Sie lieben das Lachen, deswegen auch den Witz; der Witz aber ist durch Erziehung gewandelter Übermut (*eutrapelía pepaideuménē hýbris*). So also ist der Charakter der jungen Männer.

Der Autor spitzt zwar sehr stark zu (er stellt schließlich die Alten den Jungen antithetisch gegenüber), aber was für uns zählt, sind die empirisch fundierten Aussagen. Aristoteles gibt eine Aufzählung der wesentlichen Charaktereigenschaften von jungen Männern. Die Begierden, insbesondere die sexuellen, werden hervorgehoben, dann folgen

Eigenschaften wie Leidenschaft und Impulsivität, Erregbarkeit und Zorn, Ehrgeiz und Siegeswillen, Zuversicht und Optimismus, Mut und Großmut, freundschaftliche Liebe und Kameradschaft. Vor allem junge Männer neigen zur Übertreibung und zum Exzess –im Gegensatz zum *mēdén ágan* des weisen Chilon –, und wenn sie falsch handeln, dann nicht aus Niedertracht, sondern aus übersteigerter Selbstliebe und Übermut (*hýbris*).

Bis in Diktion und Wortwahl hinein zeigen sich Bezüge zu Platons Terminologie und zur sprachlichen Beschreibung der Stasis, gerade in der Konnotation der Begriffe, die mit dem Mut bzw. Willen und der dahinterstehenden Energie und Leidenschaft zu tun haben, mit dem *thymós* und dem Begehren. Wir finden übereinstimmend auch die Wut, die eine Beleidigung hervorruft (moderne Psychologen würden von ›narzisstischer Kränkung‹ sprechen). Im Mittelpunkt steht das extrem ausgeprägte Ehrgefühl, das in dem Abschnitt der *Politeia* über den timokratischen Charakter mit den Schlüsselbegriffen *philonikía* und *philotimía* bezeichnet wird (8, 548c. 550b). Die hohe Bedeutung der Freundschaft tut ein Übriges. Leicht konnte sie sich zu dem Grundsatz *right or wrong, my friend* ausweiten. Verbindungen zwischen den Ehrpusseligen führten zu einer besonderen Form der Solidarität und des Korpsgeistes, im Griechischen sehr spezifisch mit den Begriffen des *hetaíros* (›Gefährten‹) und der *hetairía* (›Kameradschaft‹) bezeichnet – man könnte aber auch, in negativer Färbung, von Komplizen und Banden sprechen.

Das alles jedoch, diese dominierenden Eigenschaften gerade jüngerer Männer, die wir ohne Weiteres als Machos bezeichnen würden, ihr überbordender Stolz, ihr radikaler Siegeswille und ihre innige Neigung zu freundschaftlicher Solidarität, waren auch wesentliche Elemente der verderblichen Stasis. Man muss diese Charakteristika gar nicht nur kritisch sehen. Das Urteil unserer Gewährsmänner ist keineswegs negativ, sondern differenziert. Man kann die Jugendlichen des Aristoteles irgendwie auch sympathisch finden. Für unsere Analyse entscheidend ist aber, dass dem Urteil empirische Beobachtungen zugrunde liegen. Wir haben es also mit einem Sachverhalt zu tun. Und der stimmt bedenklich, wenn man auf die soziale Integration und den Zusammenhalt innerhalb der Polis blickt. In dieser Hinsicht verursachte er ernsthafte Probleme. Sie betrafen vor allem die Dominanz der kurzfristigen Erregung und der Leidenschaft, aber auch den Ehrgeiz und das Ehrgefühl sowie die enorme Reizbarkeit gegenüber Verletzungen und Kränkungen. Es ging ja um Menschen, die hohe Ziele, aber wenig Einsicht hatten. Wie konnte man diese Menschen, die »übermäßig lieben, übermäßig hassen« (Aristoteles 1289 b 3f.), oder einen »hochmütigen und ehrverliebten Mann« (*hypsēlóphrōn kai philótimos anḗr*) (Platon, *Politeia* 8, 550b) in die Gemeinschaft der Polis integrieren?

Die Bürger in den griechischen Staaten hatten also erhebliche Anstrengungen zu unternehmen, um das zu gewährleisten. Sie gingen das auch sehr gezielt an und entwickelten dabei ein System der Erziehung und Sozialisation, das genau auf die erwähnten Spezifika ausgerichtet war, beruhend auf Beobachtung und Analyse und mit Blick auf die praktische Realisierung. Dabei beschränkte man sich nicht auf die moralische Erziehung und geistige Formung. Gerade angesichts der Bedeutung von körperlichen Symptomen, die mit der Leidenschaft und Erregbarkeit der jungen Leute verbunden waren, war es sinnvoll, vom Somatischen auszugehen und zugleich an eine elementare Verbindung unter den Polisbürgern anzuknüpfen: an die buchstäbliche Eingliederung in die schon erwähnte Phalanx der Hopliten, die *táxis*. War solche Disziplinierung gelungen, sprach man von *eutaxía*.

In der Erziehung war sie aber bei Weitem nicht auf das Militärische oder Taktische beschränkt. Wie das schon bei Platon und Polybios reflektiert ist, setzte man vielmehr generell beim Kinetischen, beim Musikalischen und Rhythmischen an. Die Regeln und Maßnahmen, die sich dabei schließlich weithin durchgesetzt haben, lassen sich schon gut im 5. Jahrhundert v.Chr. beobachten. Wir finden sie gleichsam in zwei Stufen, einer traditionellen wie einer modernen Erziehung; man könnte auch sagen: einer geübten Praxis des Erziehens und einer neuen, intellektuell fundierten Konzeption der Sozialisation.

Eine Passage aus Platons Dialog *Protagoras* (325c – 326e) verweist auf ein verbreitetes, zumindest athenisches Curriculum. Hier orientierte sich die Erziehung an moralischen Normen und widmete der Qualität des Bürgers besondere Aufmerksamkeit. Nach der frühkindlichen Erziehung durch die Eltern traten die Lehrer auf den Plan, wobei der ›guten Ordnung‹ (*eukosmía*) große Bedeutung beigemessen wurde. Vor allem mussten die Jungen Werke von Dichtern auswendig lernen; dabei ging es um Vorbildhaftigkeit und Nachahmung. Sehr wichtig war in diesem Zusammenhang auch die Musik,[8] denn jede menschliche Existenz brauche gute Schwingungen und eine gute Atmosphäre, wie ich versuchsweise die Begriffe *eurhythmía* und *euarmostía* (326b) übertragen möchte – man könnte in diesem Zusammenhang auch das Wort ›Takt‹ verwenden (auch in seiner übertragenen Bedeutung).

Danach kam der sportliche Ausbilder, der ›Trainer‹ (*paidotríbēs*), ins Spiel. Zu ihm schickte man die Kinder, »damit sie in besserem körperlichen Zustand auch der richtigen Gesinnung (*diánoia*) folgen könnten und nicht gezwungen

8 Über den Chortanz und die Rolle der *mímēsis* s. Kowalzig 2004, S. 48.

wären, sich feige zurückzuhalten wegen der schlechten Konstitution ihrer Körper, im Krieg wie bei anderen Aktivitäten« (326bc). Gutes Timing und Tuning sowie Körperbeherrschung bilden eine Einheit. Der Lehrplan sah dann das Erlernen von Gesetzen vor, also die konkrete Ausbildung für das politische und gesellschaftliche Leben.

Für das, was uns hier und im Folgenden interessiert, ist die Formulierung »in besserem körperlichen Zustand« besonders wichtig. In dem so übersetzten Satzteil (*ta sṓmata beltíō échontes*, wörtlich: ›im Hinblick auf die Körper in besserem Zustand sich befindend‹) steckt (mit dem Komparativ *beltíō*) die verbreitete Formulierung *eu échein*, ›sich gut halten‹, ›sich in gutem Zustand befinden‹ o.ä. Dem davon abgeleiteten Substantiv *euexía,* einem Schlüsselbegriff der somatischen Sozialisation bei den Griechen, sind wir bereits bei Platon (o. S. 59) begegnet. Ihm werden wir uns noch näher zu widmen haben.

Es zeigt sich jedenfalls, dass die Auswirkungen gymnastischer Übungen auf Geist, Gesinnung und Gesittung – jedenfalls nach Platons Interpretation – im Rahmen einer verbreiteten Erziehungspraxis bekannt waren. Wie man überzeugt war, wirkten sich diese Übungen psychisch aus, indem sie konkret zu Selbstvertrauen, Selbstbeherrschung und Mut führten, nicht nur im militärischen Bereich. Dass hiermit in der Tat eine für das Athen des 5. Jahrhunderts traditionelle Bildungspraxis bezeichnet ist – zumindest der Idee oder Ideologie nach –, legt eine Passage aus den *Wolken* des Aristophanes (961–983) nahe. In einem fiktiven Rededuell, in dem es um herkömmliche und moderne Erziehungsprinzipien geht, stellt der Vertreter der Tradition die Vorzüge der ›alten Erziehung‹ (*archaía paideía*) im Sinne der wichtigsten sozialen Tugenden, Gerechtigkeit und Besonnenheit (*sṓphrosýnē*), heraus: Da übte man noch, beim ›Musiklehrer‹ (*kitharistḗs*), das richtige Singen anhand von poetischen Kompositionen, entsprechend der von den Vorfahren etablierten *harmonía.* Auf der Straße bewegte man sich auf ›geordnete Weise‹ (*eutáktōs*), und beim Paidotriben, dem Sportlehrer, benahm man sich anständig. Auch die Kleidung war angemessen.

Zusätzlich fällt die Tatsache ins Gewicht, dass die athenischen Bürger, aber auch die Bürgerinnen, an den verschiedensten Festen und kultischen Wettbewerben aktiv teilnahmen, singend und tanzend – die Agone der Dithyramben, der Tragödien und Komödien sind hier am besten bekannt. Dadurch waren sie mit harmonischen Klängen und rhythmischen Bewegungen bestens vertraut, und das von klein auf. In einer der dunkelsten Stunden der athenischen Geschichte, nach einer blutigen Schlacht zwischen den Repräsentanten einer Junta (der bereits erwähnten ›Dreißig Tyrannen‹) und ihren emigrierten demokratischen Gegnern im Hafen Piräus (403 v. Chr.) – eine paradigmatische Stasis-Konstellation –, appellierte ein Herold nicht nur an geteilte Kriegserfahrungen, sondern an die gemeinsamen Gottesdienste, Opfer und Feste. »Wir haben doch zusammen getanzt, Umgang gepflegt und gekämpft!«[9]

Dass bei Aristophanes und im platonischen *Protagoras* über Erziehung im Hinblick auf die Polisgesellschaft, über Sozialisation also, diskutiert wird, zeigt aber auch, dass es hier nicht nur um Tradition ging. Fragen der richtigen Erziehung bzw. Sozialisation wurden etwa ab der Mitte des 5. Jahrhunderts mehr und mehr zum Gegenstand intensiver intellektueller und philosophischer Diskussionen, die den Menschen, seine Person und seine Erziehung in den Mittelpunkt stellten. Das ist *per se* charakteristisch. Vielfältige Aspekte wurden dabei in den Blick genommen. Beson-

9 Xenophon, *Hellenika* 2, 4, 20.

ders eklatant ist der bereits in der traditionellen Erziehung wichtige Zusammenhang von Körperlichem und Geistigem, für das sich immer mehr das Begriffspaar *sôma* und *psychḗ* herauskristallisierte. Und stets ging es um Formen des Einklangs und der Rhythmik. In diesem Rahmen dürfen wir etwa die Überlegungen zu den idealen Proportionen des Körpers, die Polyklet in seinem *Kanon* theoretisch anstellte und praktisch umsetzte, und die musiktheoretischen Konzepte des Damon durchaus im Zusammenhang sehen. Wie stark hinter vielem auch pythagoreisches Denken steckte, lässt sich leichter voraussetzen als konkret nachweisen.[10]

Generell könnte man auch auf medizinische Positionen verweisen. Besonders aufschlussreich ist in dieser Hinsicht das Werk *Über die Lebensweise* (*perí diaítēs; de victu*) in der Sammlung der Schriften des Hippokrates (*Corpus Hippocraticum*), das in denselben zeitlichen Horizont gehört (etwa letztes Viertel des 5. Jh.). Körper und Seele werden dort konsequent als stofflich verstanden, als eine Mischung zwischen Wasser und Feuer (also auch zwischen nass und trocken); zwischen ihnen wird eine direkte Verbindung gesehen (1, 7. 25). Gesundheit wird als Zustand des relativen Gleichgewichts, der Harmonie verstanden, die je nach Alter und Geschlecht unterschiedlich zu definieren ist. Auf sie haben die Ernährung, die körperliche Betätigung und die Bewegung, vor allem die Gymnastik (vgl. 1,13. 35), besonderen Einfluss. Folglich kann eine gute Lebensweise in diesem Rahmen (unter Einhaltung bestimmter und je-

10 Ich kann dem an dieser Stelle nicht weiter nachgehen; immerhin erwähnt Jamblich in seinem *Leben des Pythagoras* 130 die Einrichtung einer *gymnasiarchikḗ politeía*, einer ›Gymnasiarchokratie‹, durch einen Pythagoreer, während er den Meister selbst als Erfinder der *politikḗ paideia* bezeichnet (s. hierzu Mann 2001, S. 181–188).

weils angemessener Verhaltensformen) auch dem Intellekt (*phrónēsis*) förderlich sein (1, 35, 1).

Es waren aber vor allem die Sophisten, die ihr Denken und Debattieren in besonderer Weise auf den Menschen, seine gesellschaftliche Ordnung und seine ethische Orientierung richteten. So gerieten nicht zuletzt Fragen von Bildung und Erziehung in den Fokus, wie das eben in Aristophanes' *Wolken* oder Platons *Protagoras* zum Ausdruck kommt. Es entwickelten sich gerade dazu lebhafte Diskussionen. Sie waren in der Regel eingespannt in eine große und von den Sophisten forcierte Antithese: die zwischen Natur (*phýsis*) und Gesetz (*nómos*), die auch eine zwischen natürlich Vorgegebenem und Konventionellem war. In diesem Spannungsverhältnis diskutierte man auch die Relation von Leib und Seele. Schon in der zweiten Hälfte des 5. Jahrhunderts lassen sich also intensive Debatten nachweisen, die unseren heutigen Debatten über Natur und Kultur, *nature* vs. *nurture,* verblüffend ähneln. Und genau in diesem Rahmen haben die sophistischen Intellektuellen über Bildung und Erziehung diskutiert. Sie waren von einer besonderen Wertschätzung für die Möglichkeiten der Bildung erfasst. Ja, sie machten die Kapazität zum Erziehen und Bilden zu ihrem Markenzeichen, gerade weil sie die Möglichkeit sahen, ihr im Spannungsverhältnis von Natur und Konvention eine besondere Rolle zuzuschreiben. Dabei standen die Übung und die mit ihr verbundene langfristige Gewöhnung im Vordergrund.

Diese Denker waren selbstbewusst genug, diese Übung, und damit die Erziehung generell, neben, ja über die Natur und die natürlichen Anlagen zu stellen: »Durch Übung sind mehr gut als von Natur aus«,[11] sagt Platons Onkel Kritias

11 *ek melétēs pleíous ē phýseōs agathoí* (Kritias, Fragment B 9, D.-K. Nr. 88).

triumphierend – er war übrigens, wie schon erwähnt, der Kopf der erwähnten Junta der ›Dreißig‹ in Athen. Ähnliche Worte werden dem Komödiendichter Epicharm von einem Axiopistos (er lebte wahrscheinlich im 4. Jh.) zugeschrieben: »Die Übung, meine Freunde, schenkt mehr als eine gute Anlage.«[12] Noch wichtiger ist der Gedanke, dass die formende Erziehung eine solche Kraft hat, dass sie zur Natur selbst wird und die erwähnte Kluft zwischen *nature* und *nurture* dadurch überwunden wird. Dies wurde klassisch von Demokrit formuliert: »Die Natur und die Erziehung (*didachḗ*) sind etwas Ähnliches. Denn die Erziehung formt zwar den Menschen um (*metarysmoí*), aber durch diese Umformung schafft sie Natur (*physiopoieí*).«[13]

Entsprechend dachte auch Aristoteles. In der Frage, wie man leidenschaftlichen Menschen Selbstbeherrschung beibringen könne, geht er zwar davon aus, dass es leichter sei, Gewohnheit (*éthos*) zu ändern als Natur. Aber er räumt ein, dass Erstere der Natur gleichkomme (*tḗi phýsei éoiken*) – Franz Dirlmeier übersetzt: »wie eine zweite Natur ist«. In diesem Zusammenhang zitiert Aristoteles zwei Hexameter des Euenos, eines Dichters der zweiten Hälfte des 5. Jahrhunderts, der den Sophisten nahestand; sie erinnern an Demokrit: »Dauerndes Üben (*polychrónios melétē*), mein Freund, so sag ich dir, schafft die Gewöhnung; diese verfestigt sich schließlich im Menschen und wird zur Natur ihm.«[14]

Es ist deutlich zu erkennen, dass die traditionellen Verfahren der Erziehung und Sozialisation, von denen zuvor

12 *hā de melétā phýsios agathás pléona dōreítai, phíloi* (Epicharm, Fragment B 33, D.-K. Nr. 23).

13 Fragment B 33, D.-K. Nr. 68, Übersetzung Hermann Diels.

14 Aristoteles, *Nikomachische Ethik* 7, 11, 1152 a 30 ff., Übersetzung Franz Dirlmeier.

die Rede war, in diesen philosophischen Debatten und Einsichten gleichsam ›wissenschaftlich‹ fundiert, konzeptualisiert und weitergeführt wurden. Das bezog sich nicht zuletzt auf die körperliche Formung durch Übung und deren psychisch-mentale Wirkung. Dieser Zusammenhang wird schon relativ früh – wir haben es gesehen – mit der Vorstellung des ›Sich-gut-Haltens‹, ›Sich-in-gutem-Zustand- / in-guter-Konstitution-Befindens‹ verbunden. Der abstrakte Terminus dazu, *euexía*, wird immer mehr zum Schlüsselbegriff. Insofern wird darüber auch fachlich-philosophisch diskutiert, mit Blick auf entsprechende Konzeptionen in den verschiedenartigen Feldern, mit denen man sich beschäftigte. In den medizinischen Schriften geht es naturgemäß um die körperliche Konstitution und damit nicht zuletzt auch um die Gesundheit. In der viel beachteten Spruchsammlung des *Corpus Hippocraticum*, den *Aphorismen*, geht es vor allem um die Meidung von Exzessen, etwa durch übertriebenes sportliches Training. Charakteristischerweise geht es um körperliches Üben, ›Gymnastik‹ im griechischen Sinne (*gymnastikḗ* [*téchnē*]).[15]

Eine ganz besondere Eloge der *euexía* findet sich in einem Kapitel der *Memorabilien*, der ›Erinnerungen an Sokrates‹ des Atheners Xenophon (3,12). Dieser, ein Angehöriger der athenischen Oberschicht, war Altersgenosse Platons und gehörte in dasselbe Milieu wie dieser, auch als Schüler des Sokrates. So lebte er selber in dem intellektuellen Ambiente, in dem die Konzepte der Erziehung lebhaft diskutiert wurden, ja, er ist ein besonderer Repräsentant dieses Denkens, wie wir auch später noch sehen werden. An der genannten Stelle lässt der Autor den Sokrates ge-

15 1,3; im Plural, vgl. auch Platon *Protagoras* 354b; *Gorgias* 450a; *Politeia* 8, 559a; Aristoteles *Nikomachische Ethik* 5, 1129 a 19ff. – Zu den Aphorismen s. Flashar 2016, 186–195.

genüber einem schwächlichen Mitbürger die Vorzüge der körperlichen Übungen herausstreichen:

> Wisse wohl, dass du bei keinem Wettkampf und bei keiner Aktion schlechter wegkommst, und das liegt daran, dass du deinen Körper besser trainiert hast. Denn für alles, was die Menschen tun, ist der Körper nützlich, und in allen Belangen des Köpers macht es sehr viel aus, eine möglichst gute körperliche Konstitution zu haben (*hōs béltista to sṓma échein* – die charakteristische Formulierung, dieses Mal im Superlativ). Und wer weiß nicht, dass selbst da, wo es am wenigsten um körperliche Belange geht, beim Nachdenken (*dianoeísthai*), viele Leute große Fehler machen, weil sie körperlich nicht gesund sind? Vergesslichkeit, Mutlosigkeit, Unzufriedenheit und Kontrollverlust befallen aufgrund der schlechten körperlichen Konstitution (*kachexía* = das Gegenteil von *euexía*) bei vielen häufig das Denkvermögen so sehr, dass sie die Einsichtsfähigkeit beeinträchtigen. Diejenigen aber, die eine gute körperliche Konstitution haben (*eu échousi*), sind ganz sicher und laufen nicht Gefahr, aufgrund ihrer schlechten körperlichen Konstitution (*kachexía*) Derartiges zu erleiden. Denn natürlicherweise bewirkt die gute Konstitution (*euexía*) das Gegenteil von dem, was durch die schlechte Konstitution verursacht wird. Was würde nicht einer, der Verstand besitzt, auf sich nehmen, um die genannten Nachteile zu vermeiden! (3, 12, 5–7)

So kann man einen gut trainierten Menschen (*gymnazómenos*) auch außerhalb des Sportplatzes, des Gymnasions, an seiner Euexie erkennen.[16] Auch dabei kann man natürlich übertreiben, durch Übertrainieren, besser gesagt: durch ein Ungleichgewicht, das durch einseitige Gymnastik verursacht wird oder auch durch zu viel Bodybuilding. Eine

16 Aischines, *Reden* 1, 189.

Reduzierung zur Wiederherstellung des Gleichgewichts ist dann, wie wir gerade sahen, medizinisch ratsam. Aus diesem Grund hat Aristoteles die *euexía* als etwas Ausgewogenes und Durchschnittliches betrachtet; sie sei nicht ›nur auf eines‹ (*pros hen mónon*) ausgerichtet wie das Training der Sportler (man könnte hier von Leistungssportlern sprechen). Besonders aufschlussreich ist, dass Aristoteles von einer ›staatsbürgerlichen Wohl-Konstitution‹ (*politikḗ euexía*) spricht, die eben nicht einseitig sei.[17] Dies zeigt einmal mehr, wie fließend die Grenzen zwischen der körperlichen und der sozialen Bedeutung dieses Begriffs waren und dass sich das Gymnastisch-Sportliche, gerade in diesem Zusammenhang, mit dem Politischen verband.

Zwei Passagen in den Werken zweier griechischer Geschichtsschreiber zeigen das auf unterschiedliche, aber jeweils höchst charakteristische Weise. Beide sind mit historisch wichtigen Konstellationen verknüpft. Es geht dabei um das Militärische, das aber mit der Polis genuin verbunden war: Der Polisbürger war immer auch Krieger, seine staatspolitische Position war an seine militärische Tätigkeit gekoppelt. Das ist der Hintergrund der ersten Stelle, die die Verbindung zwischen sportlich-körperlichem Wettbewerb und militärischer (und damit bürgerlicher) Qualität unterstreicht. In der zweiten geht es um die Art der Bewegung, die konkrete kinetisch-sportliche Technik. Beide konkretisieren, was *euexía* ausmacht.

In seinen *Hellenika* (›Griechische Geschichte‹) beschreibt Xenophon eine wichtige Situation während des Kleinasien-Feldzuges des spartanischen Königs Agesilaos gegen die Perser. Zu Beginn der Kampagne des Jahres 395 v. Chr. ließ dieser sein gesamtes Aufgebot in Ephesos zusammenkommen, um es üben (*askḗsai*) zu lassen. Er setzte Preise

17 *Politik* 7, 16, 1335 b 5 ff.

für die verschiedenen Waffengattungen aus. Bei den Hopliten, also dem Gros des Aufgebotes, sollte die Abteilung gewinnen, die sich ›in der besten körperlichen Verfassung befinde‹ (*árista sōmátōn échoi*). Hier haben wir wieder, wie im *Protagoras*, die verbale Version der *euexía,* dieses Mal sogar, im kompetitiven Sinne, mit dem Superlativ (*árista*), wie an der gerade zitierten Stelle aus den *Memorabilien*. So waren dann »alle Sportplätze (*gymnásia*) voll von den trainierenden Männern«. Danach kommen alle bekränzt aus den Gymnasien und weihen ihre Kränze der Artemis, der berühmten Hauptgottheit von Ephesos. Das wirkt sich nun auch mental aus: Mut und Zuversicht breiten sich aus. Dass es dabei nicht zuletzt auch um die körperliche Konstitution geht, zeigt ein anschließender Vergleich mit den ›barbarischen‹ Gegnern: Diese sind hellhäutig, weichlich und ohne Spannung (*leukoí, malakoí, átonoi*).[18]

Einer ebenfalls wichtigen, potentiell entscheidenden Konstellation im Ersten Punischen Krieg ist die zweite Stelle, eine Passage bei Polybios, gewidmet. Im 18. Jahr des Krieges (247 v.Chr.) versuchte der neue, höchst energische karthagische Stratege Hamilkar Barkas (übrigens der Vater Hannibals) die seinerzeit festgefahrene Situation aufzubrechen. Er schuf sich einen militärischen Stützpunkt in einem kaum zugänglichen Gebirge nahe Palermo und versuchte von dort aus die Römer durch ständige Angriffe zu demoralisieren. Daraus entwickelten sich jahrelange Kämpfe, auf die Polybios, wie er selbst sagt, nur summarisch eingeht. Das Hin und Her und die darin zum Ausdruck kommende Qualität der Kommandeure charakterisiert er – aufschlussreicherweise, das muss noch einmal gesagt werden – durch einen Vergleich mit Sportlern, und zwar Boxern (*pyktaí*). Da es sich um außergewöhn

18 Xenophon, *Hellenika* 3, 4, 16–19.

liche Leistungen handelt, spricht er von denjenigen, die sich durch ihre gute Konstitution (*euexíai*) und Gesinnung (*gennaiótētes*) auszeichnen. Man kann zwar die gekonnten Aktivitäten dieser Faustkämpfer, die im Wettbewerb unablässig Schlag auf Schlag austauschen, gar nicht genau nachvollziehen. Aber insgesamt bekommt man einen Sinn für ihre Tatkraft (*enérgeia*), ihr Ehrbewusstsein (*philotimía*), ihre Erfahrung (*empeiría*), ihre Kraft (*dýnamis*) und ihr Selbstvertrauen (*eupsychía*).[19] Das Körperliche, gerade auch in der Geschwindigkeit und Komplexität der Bewegungen, ist verflochten mit psychisch-mentalen Qualitäten.

Gerade diese Verflechtung kommt jedoch zustande, weil es sich, wie diese Stelle zeigt, nicht um einen bloßen Schlagabtausch oder eine schiere Prügelei handelt. Viele Darstellungen von Box- und Ringkampftraining bzw. entsprechenden Wettbewerben bestätigen das. Es geht nicht nur um Kraft und Reaktionsgeschwindigkeit, sondern auch um Rhythmus und Eleganz der Bewegungen – was etwa beim Faustkampf auch durch die Musikbegleitung unterstrichen wird. Die ästhetische Qualität ist konstitutiv für die ethische, und Letztere äußert sich in Ersterer. Mit anderen Worten, die ethisch-moralische Qualität wird äußerlich sichtbar, weil sie auch keine rein geistige Leistung ist. Das ist das große Ideal der *kalokagathia*, des ›Schönguten‹. Und was dabei schön ist, ist nicht zuletzt die Ästhetik der rhythmisierten Bewegung.

Gerade ein solcher Zusammenhang hat einen bemerkenswerten Einfluss auf das traditionelle Schönheitsverständnis, wiederum nach der aristotelischen *Rhetorik*[20]; und dies im Hinblick auf die hier ebenfalls betroffene Gruppe der jungen Männer (*néou kállos*). Deren Schönheit besteht

19 Polybios, *Historien* 1, 56f., besonders 57, 1f.
20 1, 5, 1361 b 7ff.

darin, »einen Körper zu haben, der zum Ertragen von Belastungen (*pónoi*) geeignet ist, sowohl der des Laufens als auch der der Kampfdisziplinen (*drómos*, *bía*). Das bietet einen angenehmen Anblick, und deshalb sind die Fünfkämpfer am schönsten, denn sie sind zugleich zu Kraft und Schnelligkeit begabt.« Bei den Erwachsenen (*akmázōn*) sei der Körper schön, welcher den Belastungen des Krieges gewachsen sei. Sein Anblick ist angenehm, weil er (anderen) Furcht einflößt. Auch hier greifen wir die enge Verbindung von Kraft und Eleganz, aber auch die Orientierung auf den Krieg und damit auf die Polis. Ihr Bürger war, wie wir schon sahen, auch ihr Krieger. Jean-Pierre Vernant hat das prägnant hervorgehoben: »Der kriegerische Akteur fällt mit dem Bürger zusammen«, der »sich als Krieger manifestiert, insofern er ein politischer Akteur ist, der die Macht hat, die gemeinsamen Angelegenheiten der Gruppe auf Basis der Gleichheit zu regeln.«[21]

Es ist sehr bezeichnend, dass die Griechen auch die konkreten Seiten dieser für Erziehung und Sozialisation so wesentlichen Bewegungsabläufe beschrieben haben. Solche Choreographien verschiedener Disziplinen finden sich zum einen in direkten Handlungsleitlinien, zum anderen in literarischen Gestaltungen, die ihre Wirkung gerade aus der Geläufigkeit der Phänomene beziehen. So können auch Zeugnisse aus späterer Zeit Einblicke in die Zusammenhänge der so bedeutsamen kinetischen Eleganz und Geschicklichkeit geben. Hier seien nur zwei Beispiele aus dem Bereich des Ringkampfs angeführt, der als die Sportdisziplin *kat' exochen* galt. Da haben wir einerseits einen Papyrus, der wahrscheinlich für einen Trainer bestimmt war und Anweisungen zu Bewegungen und Grif-

21 Vernant 2007, S. 651.

fen enthält,[22] zum anderen Beschreibungen von sexuellen Handlungen verschiedener Art (homo- und heterosexuell), in denen Fachausdrücke aus der Sprache der Ringer verwendet werden. In dem heterosexuellen Fall, aus einer dem Lukian zugeschriebenen Schrift mit dem Titel *Lukios oder: Der Esel,* wird die weibliche Teilnehmerin am Liebesspiel sogar Palaistra genannt – das ist die Bezeichnung für einen ›Kampf-‹ oder ›Trainingsplatz‹.[23]

Auch in diesen Texten spielen Flexibilität und Geschicklichkeit in der Bewegung eine zentrale Rolle. Es wird außerdem immer wieder deutlich, dass die verschiedenen Übungen in der Regel musikalisch begleitet wurden, meist von einem Flötenspieler (*aulētḗs*).[24] Zu bedenken ist aber immer, dass das Üben und Trainieren in solchen Disziplinen nicht nur Sache von Spezialisten und Leistungssportlern war, sondern gerade auch Teil der polisbürgerlichen Erziehung, im Sinne der *politikḗ euexía,* von der schon die Rede war und von der noch mehr zu reden sein wird.

Fassen wir zusammen! Wir haben gesehen, dass die Integration wilder junger Männer in die Gemeinschaft der griechischen Polis ein zentrales Postulat für die Begründung eines möglichst friedlichen Zusammenlebens war. Aus diesem Grund wurde sie zu einem Gegenstand der griechischen Pädagogik, sowohl in der Tradition als auch in der philosophischen Analyse. In diesem Rahmen haben Intellektuelle, aber auch Künstler in Kenntnis der überlieferten Praktiken auf der Grundlage eingehender Beobachtung und intensiver Reflexion seit etwa der Mitte

22 Papyri von Oxyrhynchos III 466 (2. Jh. n.Chr.), s. dazu Marrou 1977, S. 241; er bietet eine Probeübersetzung an und liefert bibliographische Angaben.

23 [Lukian] *Lukios oder: Der Esel* 8–10; *Anthologia Palatina* 12, 206.

24 Vgl. Jüthner 1909, S. 301; Marrou 1977, S. 242f.

des 5. Jahrhunderts auch theoretische Konzepte entwickelt, von denen nicht nur Platon geprägt war.

Diese sind ihrerseits auf ein friedliches, sozusagen bürgerkriegsfreies Gemeinschaftsleben orientiert. Sie basieren auf einer Einsicht in psycho-somatische Zusammenhänge und gehen davon aus, dass diszipliniertes körperliches Training, welches durch Rhythmik und Wucht, Spannung und Geschick geprägt ist, eine gute körperliche Konstitution und zugleich (aufgrund der erwähnten leiblich-seelischen Wechselwirkungen) Selbstvertrauen und Gemeinsinn bewirkt. Gerade die Spannung und das Widerstrebende (das Konflikthaltige also) werden in den musikalisch-rhythmischen Bewegungen ausgeglichen, buchstäblich harmonisiert, ohne dabei verloren zu gehen. Gegensätze werden aufgelöst. Stärke, Ehrgeiz und Kampfgeist bleiben vorhanden, werden aber in schönen und eleganten Bewegungen sublimiert. Mit Platons Worten[25] kann man von ›Musik‹ sprechen, genauer der *mousikḗ téchnē.* Diese schafft aus dem Differenten (*diapherómenon*) in Höhen und Tiefen Einigkeit (*homología*), und das ist Wohlklang (*harmonía*): eine Überwindung von Gegensätzen, in der diese ästhetisch aufgehoben sind.

Wird das dem Körper durch ständig eingeübte Bewegungen eingeschrieben – und so viel wusste nicht nur Platon –, dann wirkt sich derart Physisches auch mental, im Bewusstsein, aus, individuell wie kollektiv. Das war nun relevant für alle Facetten des Politischen, des Bürger-Seins, nicht zuletzt da, wo dieses herausgefordert war: im Militärischen. Genau das musste aber auch für Bürgerkrieg und Stasis bedeutsam sein. Weil es ja gerade dort um Kraft, Kampfgeist und Ehrgefühl ging, hatte man hier nicht nur den Finger auf die Wunde gelegt, sondern auch Grundsät

25 *Symposion* 187ab.

ze zu deren Heilung erkannt. Mit Platons Metapher: Der Löwe sollte tanzen lernen.

Solche Einsichten waren, grob gesagt, am Ende des 5. Jahrhunderts klar entwickelt. Nun stellt sich die Frage, ob und, wenn ja, wie diese Theorien zur Praxis standen, wie sich die Reflexion zum Handeln verhielt. War alles nur eine spielerische Reflexion im akademischen Elfenbeinturm? Das ist von vornherein wenig wahrscheinlich, schon wenn wir uns an die Motive Platons erinnern. Überhaupt hatten die sophistischen Debatten über die richtige Erziehung einen festen Sitz im Leben. Die Sophisten jedenfalls konnten mit ihren Ratschlägen viel Geld verdienen. Eine lebenspraktische Orientierung ist unverkennbar. Fraglich aber bleibt, ob es sich bei den hier vorgestellten Konzepten um ›Blaupausen‹ oder ›Fahrpläne‹ oder, wie man heute gerne sagt, ›Roadmaps‹ handelte, im Sinne konkreter Anleitungen. Hat man etwas, oder: was hat man *realiter* aus diesen Konzepten gemacht? Von ihrer Konkretisierung soll jetzt die Rede sein.

4. Griechische Jugend, *Paideia* und das Gymnasion

Blicken wir zunächst noch einmal kurz auf das, worauf man vorzugsweise zu achten hatte, wenn man durch körperliche Formung und sportlich-musische Bildung die Einbindung in die Polis verbessern und die Anfälligkeit für inneren Kampf verringern wollte. Da finden wir Platons Löwen, der metaphorisch eine hochgradig ehrbeflissene, leicht kränkbare, wenig selbstbeherrschte und dafür selbstbewusste und cholerische Jugend repräsentiert. Gerade diese Natur der Jugendlichen war der Ausgangspunkt. Genau hier setzten sinnvollerweise Überlegungen zur realen Umsetzung an. Das zeigt vor allem die praktische Philosophie des Aristoteles, wie sie insbesondere in der *Nikomachischen Ethik* und in der *Politik* entwickelt ist. Die besonderen natürlichen Neigungen der Jugend stehen im Vordergrund, die Erziehung muss auf ihren Eifer und ihre Leidenschaft, von der wir hörten, eingehen.

Aus diesem Grund kann auf Zwang und Druck (*bía*) nicht verzichtet werden,[1] weshalb Aristoteles die Autorität des Gesetzes ganz stark macht.[2] Es ist vor allem notwendig, bei jungen Männern zu intervenieren, die besondere Schwierigkeiten haben, ihr Leben in weiser Zurückhaltung und kontrolliert (*sōphrónōs, karterikōs*) zu führen. Gewiss sind bei der Erziehung des Menschen die richtige Ansprache (*lógos*)

1 Aristoteles, *Nikomachische Ethik* 10, 10, 1179 b 28f.: »Ganz allgemein hat man den Eindruck, dass die Leidenschaft (*páthos*) nicht der Vernunft, sondern dem Zwang weicht.«

2 Ebd. 1179 b 31f. 1180 a 21f.: »Von Jugend an eine rechte Führung zur Tugend (*aretḗ*) zu erlangen, ist schwer, wenn man nicht unter entsprechenden Gesetzen groß wird […]. Das Gesetz aber hat Zwangsgewalt; sein Grundgedanke beruht auf Verstand und Vernunft (*phrónēsis, noús*).«

und Unterweisung (*didachḗ*) für sich genommen wichtig, aber sie reichen nicht aus. Man braucht auch Gewöhnung (*éthos*), d.h. Übung, Training, *melétē* eben. Diese bereitet den Geist auf die Bildung vor, so wie ein Feld vor der Aussaat präpariert werden muss. Gerade in diesem Zusammenhang kommen bestimmte – am besten durch Gesetze zu fixierende – Tätigkeiten und Berufe ins Spiel, darunter *mousikḗ* und *gymnastikḗ*, Musik und Gymnastik. So führt die Gewöhnung in Form von gymnastischen Übungen zu einer bestimmten Haltung des Körpers (*héxis* – das Wort hängt mit *écho* und so auch mit *euexía* zusammen).[3] Und die auf Gewöhnung beruhenden Haltungen (*héxeis*) sind in der aristotelischen Ethik die Grundlage für den rechten Umgang mit Leidenschaften. So können sie geradezu selbst als Tugenden (*aretaí*) bezeichnet werden.[4]

Nach Aristoteles besteht Einigkeit darüber, dass Sportübungen nach Altersgruppen durchgeführt werden sollten.[5] Für Kinder ab sieben Jahren und Jugendliche bis zum Abschluss der Pubertät (*hḗbē* = ›das eben ausgereifte Jugendalter‹) sollten leichtere Übungen angeboten werden.[6] Ab dem Übergang zum Erwachsenenalter und für die Dauer von drei Jahren, in denen auch Unterricht (*mathḗmata*) stattfindet, geht man zu hartem Training (*pónoi* = ›Mühen‹) und einer strengen Diät über. Diese Grundsätze entsprechen den Altersklassen, die bei den Griechen eine so be-

3 Ebd. b 33. 23–26. 1180 b 1–4; *Politik* 8, 3, 1338 b 4–9.

4 *Nikomachische Ethik* 2, 4, 1105 b 25f. 1106 a 11f. Der Gedanke kommt auch sonst vor, vgl. 2, 1, 1103 b 21f. 2, 2, 1103 b 2. 9f. 1104 b 1. Es besteht hier übrigens ein charakteristischer Zusammenhang mit dem phänomenologischen Konzept der Habitualität, s. Waldenfels 2000, S. 183; Katan 2016, S. 25, vgl. auch u. S. 114.

5 Aristoteles, *Politik* 8, 4, 1338 b 39ff.

6 Beispiele in Marrou 1977, S. 228ff., mit umfangreichen Nachweisen.

deutende Rolle in der Sozialisation spielten: In der Mitte stehen die Epheben, die sich an der Schwelle zwischen der Jugend und dem Erwachsensein (*eph' hḗbēn*) befinden, konkret etwa in einem Alter zwischen 18 und 20 Jahren. Daneben gibt es die Altersgruppe, die ihnen vorausgeht (*paídes* = ›Kinder‹, ›Jugendliche‹), und die, die auf sie folgt (*néoi* = ›junge Männer‹). Jede Polis bzw. jeder Staat konnte die konkreten Einzelheiten der Jahrgangsstufen und des Curriculums auf unterschiedliche Weise festlegen.

Entscheidend ist, dass die Phase an der genannten Schwelle, rund zwei Jahre, im Allgemeinen mit besonderer Aufmerksamkeit und Sorgfalt betrachtet wurde. Die hier besprochenen Erziehungsgrundsätze waren gerade auf diesen Zeitraum fokussiert.

Jenseits aller Überlegungen und Vorschläge *en detail,* von denen hier nur wenige Beispiele genügen mussten, haben genau diese Prinzipien in einer sinnfälligen und plastischen Geschichte Gestalt gewonnen: in der berühmten Geschichte von Herakles am Scheideweg – ein lebenskräftiges Bild, nicht minder eindrucksvoll als Platons Löwe. Die Geschichte geht auf einen aus der Gruppe der erwähnten Bildungstheoretiker, den Sophisten Prodikos von Keos, zurück und hat sofort, aber auch über die Zeiten hinweg eine große Wirkung entfaltet. Wir kennen sie aus einem Abschnitt der schon erwähnten *Memorabilien* Xenophons. Dort nimmt die Geschichte einen wichtigen Platz ein.[7]

Bezeichnend ist schon, dass Herakles der Held der Geschichte ist. Dieser gewaltige Held, Sohn des Zeus und der sterblichen Alkmene, hatte sich durch viele Mühen und gewaltige Leistungen für Götter und Menschen selber die Unsterblichkeit erworben. Nach seinem Tod fuhr

7 *Memorabilia* 2, 1, 20–35.

er auf in den Himmel, also auf den Olymp. Dort wurde ihm die Göttin der Jugendkraft, Hebe, zur Frau gegeben. Dieser Heros, eine Verkörperung der Leistungsethik, hatte charakteristischerweise gerade auf dem Sportplatz eine besondere Bedeutung inne. Neben Hermes war er der göttliche Patron des Gymnasions und der Heros der Athleten. In der Geschichte begegnen wir ihm nun genau in einem entscheidenden Moment, beim Übergang von der Kindheit und Jugend zum Erwachsenenalter (*ek paídōn eis hḗbēn*, 21).[8]

Dieser Moment ist deshalb so wesentlich, weil die jungen Menschen genau jetzt Herren ihrer selbst (*autokrátores*) werden. Das ist nicht zufällig gut vergleichbar mit dem, was wir Volljährigkeit nennen. Die jungen Leute können jetzt selber entscheiden, welche Richtung sie einschlagen wollen, aber sie müssen für ihre Entscheidung auch geradestehen; sie tragen selbst die Verantwortung. Das war nun genau der Punkt, an dem in dieser Geschichte dem Herakles zwei Wege offenstanden. Sie waren durch zwei Frauen verkörpert, die Allegorien der Tugend (*aretḗ*) und der Schlechtigkeit (*kakía*) darstellten. Die schwere Wahl hatte er dabei in einem Alter zu treffen – man denke an die zitierten Ausführungen in der *Rhetorik* des Aristoteles –, in dem wegen der Jugend des Betroffenen besondere Aufmerksamkeit geboten war; denn junge Menschen haben ihre Körper nicht im Griff, sie sind, wie es wörtlich heißt, ›körperlich unbeherrscht‹ (*tois sṓmasin adýnatoi*, 31).

Um in der vorgestellten Situation die richtige Entscheidung zu treffen, war die *phýsis,* also die natürliche Anlage, nicht hinreichend. Herakles war ja tatsächlich von seinen prominenten Eltern her genetisch gut ausgestattet. Aber

8 Zu diesem Aspekt der *hḗbē* s. jetzt Chankowski 2010, S. 48.

hier ging es um mehr, eine letztlich persönliche Entscheidung in eigener Verantwortung. Und wenn man sich für die Tugend entschied – und damit für eine gelungene Erziehung und ein gelingendes Leben –, vollbrachte man diese Leistung nicht nur für sich selbst, sondern auch für andere, für die Freunde, die Polis, die ganze griechische Welt. Um dabei erfolgreich zu sein, war angesichts der Veranlagung des jungen Mannes die Beherrschung des Körpers eine wesentliche Voraussetzung. Sie ist die Grundlage der Selbstbeherrschung. Die Rede der Aretḗ, die Herakles für den Weg des Guten gewinnen will, endet genau mit diesem Hinweis: Man müsse den Körper daran gewöhnen (*ethistéon*), sich der Überlegung (*gnṓmē*) zu unterwerfen, und deshalb komme es darauf an, »mit Mühen und Schweiß gymnastisch zu üben« (*gymnastéon syn pónois kai hidrṓti*, 28,). Dafür gibt es allerdings große Anreize: Nach dem Erfolg gibt es verschiedenartige Belohnungen, und vor allem lebt man in der Erinnerung (*mnḗmē*, 33) weiter. Dieser Appell an den kompetitiven Ehrgeiz konnte in einer Gesellschaft, die vom Agonalen und vom Wettstreit geprägt war, ihren Effekt kaum verfehlen. Und nicht weniger zählte die Aussicht auf Nachruhm.

Ich sehe die in dieser (sehr wirkungsmächtigen) Geschichte zusammengefassten didaktischen und pädagogischen Konzepte nicht als Universalrezept, als eine Art Blaupause, der Griechen für die Organisation ihrer Bildungseinrichtungen an. Ich denke jedoch auch nicht, dass es sich hier nur um einen bloßen intellektuellen Diskurs im engeren Sinne des Wortes handelte, um reine Gedankenspiele, *l'art pour l'art*. Mit ihren intensiven Diskursen haben griechische Intellektuelle von einigem Rang das implizite Wissen über die psychosomatischen Zusammenhänge des Aufwachsens und der Erziehung von Jugendlichen, insbesondere an der Schwelle zwischen Kindheit und Erwachsensein, explizit gemacht und konzeptualisiert. Sie haben dieses Wissen im Sinne einer praktischen Philosophie durchdacht und ausgestaltet und damit auf eine gesellschaftliche und politische Wirkung ausgerichtet.

Man kann nun in der Tat sehen, dass sich derartige Überlegungen durchaus in der Praxis ausgewirkt haben, nicht im Sinne der schlichten Durchführung eines vorgegebenen Programms – um Blaupausen handelte es sich ja eben nicht –, sondern in der Berücksichtigung von grundlegenden Einsichten und Prinzipien. Das werde ich im Folgenden zu zeigen versuchen. Dabei kann der Schlüsselbegriff der *euexía* durchaus als Leitmotiv dienen. Der Ort, an dem die didaktischen Grundsätze und die damit verbundenen Methoden der Erziehung besonders sichtbar werden, ist das Gymnasion der spätklassischen und hellenistischen Zeit. Hier entfalten die Gedanken eine Wirkung in der Praxis und werden real. Davon soll jetzt die Rede sein.

Dazu begeben wir uns in die griechische Stadt Sestos, die auf der Nordseite des Hellesponts lag. Sie befand sich nach dem Ende der Attaliden-Dynastie von Pergamon (133 v.Chr.) in einer schwierigen Lage: Rom hatte das Königreich als Erbe des letzten Königs, Attalos' III., übernommen, konnte seine Herrschaft dort aber infolge eines Aufstandes zunächst nicht durchsetzen. Eine wichtige Schutzmacht war damit statt dessen ausgefallen. So kam es zu häufigen Überfällen durch benachbarte thrakische Stämme, die nicht wirklich befriedet waren. Sestos war dadurch in seiner Existenz gefährdet. Wie einst der Athener Lykurgos nach der Katastrophe von Chaironeia gegen die Armee Philipps II. von Makedonien (338 v.Chr.) wandte sich Menas, eine der angesehensten Persönlichkeiten von Sestos und ein Spitzenpolitiker der Stadt, in dieser dramatischen Situation der moralischen Aufrüstung der jungen

Männer und damit bezeichnenderweise der Belebung und Neuorganisation des Gymnasions zu.

Er amtierte zweimal für das wichtige Amt des Gymnasiarchen, womit er für den gesamten Betrieb des Gymnasions verantwortlich war. Für seine Verdienste wurde er mit einer langen Inschrift geehrt, aus der wir generell sehr viel über die Aktivitäten in antiken Gymnasien erfahren.[9] In seinem Amt kümmerte sich Menas um die Kultveranstaltungen und Opfer, insbesondere für Hermes und Herakles, die beiden Götter, die mit dem Gymnasion *par excellence* verbunden waren.[10] Zugleich sorgte er, u.a. durch den Bau eines Bades, für die Verbesserung der Infrastruktur und durch die Bereitstellung von Salböl für das gute Funktionieren des Betriebes selbst. Vor allem ließ er die üblichen gymnastischen Wettkämpfe selbst intensivieren. Dazu lobte er auch besondere Prämien als *incentives* aus, vor allem für Laufen, Speerwerfen und Bogenschießen, und zwar eigens für die Jungen (*paídes*), die ›Junioren‹ (*ephḗboi*) und für junge Erwachsene (*néoi*). Dass dies zu einem besonderen Zeitpunkt geschah, dem Geburtstag des noch immer verehrten Königs, und sogar monatlich, unterstreicht die politische Bedeutung der Veranstaltungen.

In seiner zweiten Amtszeit hat Menas das alles noch einmal intensiviert. So hat er auch das Bildungsangebot (*paideía*) durch großzügige Honorare für das Abhalten von Vorträgen (*akroáseis*) unterstützt. Im Vordergrund stand jedoch die Betonung der Disziplin, der Übung, der Einsatzfreude und der Mannhaftigkeit (*eutaxía, áskēsis, philoponía, euandría*, 31. 38 f. 84). Dafür waren regelmäßige Wettbewerbe charakteristisch, für die es Preise und Ehreninschriften gab, und zwar in drei Konkurrenzen:

9 Inschriften von Sestos 1.

10 Ebd., Zeile 62.

eutaxía, das ist ›Disziplin im militärischen Sinne‹,[11] genauer gesagt und ursprünglich ganz konkret (wie wir schon gesehen haben), im Sinne der guten Einordnung in die Schlachtreihe,

philoponía, das ist ›Freude an der Mühe‹, also Einsatz, Engagement, Eifer; im Grunde die Bereitschaft, Anstrengungen und Schwierigkeiten auf sich zu nehmen, und

euexía, die wir schon kennen, also der ›gute Zustand‹, die ›gute Verfassung oder Konstitution‹, im Sinne von: Jemand hält sich gut, oder auch: Er zeigt Haltung (dieses Wort in seiner emphatischen Bedeutung ist aus meiner Sicht die treffendste Übersetzung, wenn man sich auf ein Wort beschränken will). Im Kern geht es um eine gute körperliche Verfassung, die von und nach außen sichtbar und zugleich im Inneren spürbar wird, als Wohlbefinden.

Im selben Atemzug mit dieser Betonung von Disziplin, Einsatzfreude und Haltung wird dann die Mannhaftigkeit (*euandría*) erwähnt, weil genau sie dadurch gefördert wird.[12] Worum es letztlich ging und was das eigentliche Endziel dieser Maßnahmen war, ist ebenfalls in aller wünschenswerten Deutlichkeit aus der Ehreninschrift für Menas ersichtlich. Es zeigt sich nämlich, dass hinter den körperlichen Übungen, die natürlich auch eine militärische Komponente hatten, vor allem eine psychisch-moralische Ausrichtung stand, im Sinne der gesellschaftlichen

11 Vgl. Robert/Robert 1954, S. 285, 289. Eine sehr suggestive Passage in dieser Hinsicht (auch unter dem ästhetischen Aspekt und in Bezug auf den Chor) stammt von Xenophon, *Oikonomikos* 8, 4–8.

12 *Inschriften von Sestos* 1, Z. 84; in seinem Kommentar dazu (S. 60) sieht J. Krauss dies als den »Superbegriff« in Bezug auf die drei oben genannten Qualitäten.

Normen, und das in einer Situation, die ein besonderes Engagement erforderte. Wörtlich heißt es nach dem Hinweis auf äußere Bedrohungen und auf Menas' Einsatz als Gymnasiarch: »Mit einer solchen Ruhmliebe (*philodoxía*) wendete er (nämlich Menas) die jungen Leute (*néoi*) der Übung und der Einsatzfreude (*áskēsis*, *philoponía*) zu. Dadurch wetteiferten die Seelen der Jüngeren (*neṓteroi*) um die Tapferkeit (*andreía*) und wurden in ihrem Charakter (*ḗthē*) gut zur Tugend (*aretḗ*) geführt« (Z. 70–72).

Wir haben gesehen: Es gab in Sestos eine Krisensituation, insbesondere während Menas' zweiter Amtszeit als Gymnasiarch. Der Stil der Ehreninschrift zeigt jedoch, dass in vielen Fällen nicht nur außergewöhnliche Maßnahmen ergriffen, sondern auch übliche Praktiken intensiviert, neu organisiert und wiederbelebt wurden. Darüber hinaus wird an zentraler Stelle – nämlich bei der Erwähnung der genannten Wettkämpfe in Bezug auf Disziplin, Einsatzfreude und Haltung – *expressis verbis* betont, dass die Förderung der *euandría* ›nach dem Gesetz‹ (*katá ton nómon*) erfolgt war (Z. 84 ff.). Die fraglichen Praktiken waren also Teil der Rechtsordnung des Stadtstaates – was die allgemeine Tragweite und damit die Relevanz unseres Beispiels nur noch erhöht.

Dies ist nun keineswegs eine Ausnahme; wir haben mindestens eine ziemlich genaue Parallele, und bei dieser handelt es sich direkt um ein Gesetz. Es ist ebenfalls auf einem Marmorblock, und zwar beidseitig, aufgezeichnet und stammt aus der makedonischen Stadt Beroia. Es gehört in die Mitte des 2. Jahrhunderts v. Chr., ist also etwas älter als die Ehreninschrift für Menas.[13] Philippe Gauthier

13 Zur Diskussion s. Kah in: Kah/Scholz 2004, S. 82; Hatzopoulos ebd. 2004, S. 95 ff.; der Text wurde herausgegeben von Gauthier/Hatzopoulos 1993, deutsche Übersetzung HGIÜ III 486.

und Miltiadis Hatzopoulos haben den Text in ihrer kommentierten Ausgabe eingehend besprochen. Diese ist deshalb zugleich ein Referenzwerk für die Erforschung des antiken Gymnasions.

In dem genannten Gesetz ist festgelegt, dass der Gymnasiarch der Stadt im letzten Monat seiner jährlichen Amtszeit – also im Monat *Hyperberetaios* (etwa September) – ein Fest zu Ehren des Hermes zu veranstalten hatte (B 45 ff.). Bei dieser Gelegenheit sollten Wettbewerbe für Männer unter 30 Jahren (die sogenannten *néoi*) stattfinden, bei denen es um *euexía*, *eutaxía* und *philoponía* ging, also dieselben Qualitäten vorgeführt wurden, die auch in Sestos wichtig waren. Die drei Kampfrichter für die *euexía* sollten vom Gymnasiarchen aus einem Kreis von sieben einheimischen Männern (d.h. aus Leuten, die mit dem Gymnasion vertraut waren) ausgelost werden. Die Ausgelosten sollten beim Hermes schwören, »dass sie gerecht richten würden danach, wer die beste körperliche Konstitution habe (*árista to sôma diakeísthai*)«. Im Hinblick auf die *eutaxía* und die *philoponía* musste der Gymnasiarch allein, ebenfalls nach einem Eid auf Hermes, denjenigen aus den Reihen der unter Dreißigjährigen bestimmen, der seinem Urteil nach ›am diszipliniertesten‹ (*eutaktótatos*) gewesen sei bzw. ›am eifrigsten gesalbt‹ (also trainiert) (*aleíphthai*) habe (Z. 47–57).

Die beiden Beispiele sind aussagekräftig genug, aber sie sind nur die Spitze eines Eisbergs, dessen Ausmaße wir aufgrund der lückenhaften Überlieferung nur erahnen können. Die Dimensionen erscheinen jedoch auch so recht beeindruckend. Wir haben Beispiele aus der Ägäis und Kleinasien (Erythrai, Pergamon, Priene, Samos, Tralleis) bis hin zum Schwarzen Meer (Gorgippia). In Amphipolis ging es, in ähnlichem Sinne, um *eukosmía*, und in Athen gab es einen Wettkampf in *eu-*

andría.[14] In der Regel wurden die drei oben genannten Eigenschaften abgeprüft, und unter diesen war die *euexía*, die wir schon in den traditionellen und intellektuellen Erziehungskonzepten als Schlüsselbegriff fanden, von besonderer Bedeutung. Die Relevanz dieser Kategorien wird auch daran deutlich, dass in Pergamon der ›Übergang‹ vom Gymnasion der Kinder und Jugendlichen (*paídes*) zum Epheben-Gymnasion nach den Kriterien ›diszipliniert‹, ›einsatzfreudig‹ und ›in guter Haltung‹ (*eútaktos, philóponos, euéktēs*) erfolgte.[15] Der Geist dieser Ausrichtung passt nahtlos zu Xenophons oben zitiertem Lob der *euexía,* die durch die Übungen des Körpers erreicht werden kann. Wir sehen, wie die dort vertretenen Grundsätze konkrete Gestalt angenommen haben, hier, im Gymnasion, und damit im politisch-sozialen Raum.

Angesichts der Tatsache jedoch, dass bei Xenophon in dem erwähnten Kapitel die Sorge um die körperliche Verfasstheit Privatsache ist und nicht staatliche Angelegenheit (*dēmosíāi*, 3, 12, 5), fällt besonders auf, dass später, in der hellenistischen Epoche, vieles staatlich-gesetzlich geregelt ist. Es ist sehr charakteristisch, dass es nun zu einer Institutionalisierung des Gymnasions gekommen ist. Neben

14 S. allgemein die Beispiele in Crowther 1991; vgl. auch Gauthier/Hatzopoulos 1993, S. 102 ff.; Gehrke 2003, S. 243 ff.; Chankowski 2010, S. 274–276; die weiteren Beispiele aus den genannten Städten bei Gehrke 2019, Anm. 24. Dem ähnlich ist das Konzept der *eukosmía* im Gesetz über die Ephebarchen von Amphipolis (24/23 v.Chr.), vgl. Gauthier/Hatzopoulos 1993, S. 16 ff.; Weiler in: Kah/Scholz 2004, S. 41 ff.; Kah ebd. S. 82. In Athen gab es einen *agṓn euandrías* (Andokides, *Reden* 4,42; Xenophon, *Memorabilia* 3,3,12; Athenaios, *Deipnosophistai* 13, 565f.) als »Männlichkeitswettbewerb für schöne starke Männer« (J. Krauss, zu *Inschriften von Sestos,* S. 60); nach Chankowski 2010, S. 336, ging es um »die Fähigkeit, in Formation zu gehen«.

15 Chankowski 2010, S. 274–276. 294 ff.

dem Bestehen gesetzlicher Bestimmungen wird diese Institutionalisierung vor allem in der Schaffung und Strukturierung des Amtes des Gymnasiarchen greifbar. Die Inhaber dieses Amtes – die Beispiele Sestos und Beroia sind in dieser Hinsicht aufschlussreich – waren insbesondere für die Bereiche der Wettkämpfe und damit für die genannten Qualitäten bis hin zu den konkreten Aspekten der Prüfungen zuständig.[16] Dieser Funktion kam in der Hierarchie der Ämter große Bedeutung zu. Gerade hier zeigt sich die Relevanz der genannten Qualitäten für die Stadt und für die Sozialisierung der jungen Männer. In diesem Sinne war der Gymnasiarch ein »Vorbild für die Epheben und Neoi, denen er ihre künftige Rolle als Bürger der Polis vorlebt«.[17] Vor allem darf nicht vergessen werden, dass diese Art von Übung und Training in der Regel mit einem Angebot zur intellektuellen Schulung einherging (in diesem Zusammenhang erinnern wir uns an das Beispiel der ›Vorträge‹ in der Menas-Inschrift).[18]

Die Fähigkeit, Ordnung und Disziplin aufrechtzuerhalten, die Freude an der Bewegung, am Training, an der Aufopferung und am Kampf, eine gute körperliche Verfassung als Grundlage für eine gute Haltung und ein anständiges Auftreten – diese drei Eigenschaften wurden von der bürgerlichen Gemeinschaft besonders geschätzt und von ihren Vertretern überwacht. Die Tatsache, dass diese Eigenschaften ständig trainiert und in Wettkämpfen präsentiert und bewertet wurden, schuf in dieser hochkompetitiven Gesellschaft einen besonderen Anreiz und unterstrich die Ernsthaftigkeit, mit der man sich um sie bemühte. So präg-

16 Schuler in: Kah/Scholz 2004, S. 168. 181.

17 Ebd., S. 190.

18 Vgl. die Beispiele im Kommentar von J. Krauss, *Inschriften von Sestos,* S. 58, und allgemeiner Scholz in: Kah/Scholz 2004.

te das Streben nach diesen und ähnlichen Eigenschaften die wesentlichen Phasen der männlichen Sozialisation, sogar noch über die Adoleszenz hinaus: Von den *paídes,* die in der Regel unter 18 Jahre alt waren, über die Epheben – Jugendliche an der Schwelle zum Erwachsenenalter, meist in einem Alter von 18 und 20 Jahren – bis hin zu den *néoi,* jungen Männern zwischen 20 und 30 Jahren, fanden sich die in verschiedenen Jahrgängen geborenen Männer in ihrem Aufwachsen nach Altersgruppen zusammen, in Alterskohorten, wie man heute sagen würde. Auf diese Weise waren sie durch gemeinsames Trainieren und ehrgeiziges Wettstreiten immer miteinander verbunden, in einer spezifischen Melange von individueller und kollektiver Formung.

Es ist alles andere als ein Zufall, dass der Geist, der in diesen Institutionen und Praktiken wirkte, an die Ideen erinnert, die ich weiter oben vorgestellt habe. Es handelt sich zum einen um die Verbindung von körperlichem Training und mentaler Prägung und zum anderen um das Engagement für die Gemeinschaft und die Integration in die Polis auf der Grundlage einer guten Haltung und eines Sich-gut-Haltens, wie das immer wieder sichtbar wird, als Norm und als Praxis. Diese *euexía* war eine genuine Verbindung innerer und äußerlicher Elemente. Ihre innere Seite lässt sich sehr gut mit dem Begriff *ḗthos* oder besser noch mit dem Plural *ḗthē* beschreiben, wie er uns in der Menas-Inschrift (Z. 72) begegnet ist. Es handelt sich um eine durch gewohnheitsmäßige Praxis erworbene und eben dadurch ständig verstärkte Gesinnung, in der sich die aus stetem Üben verschiedener Bewegungsabläufe entstandene Haltung mit einer durch geistig-moralische Erziehung geprägten Orientierung verbindet. Letztlich ging es um den Charakter eines Menschen, in ganzheitlichem Sinne.

Die äußere Seite ist aber nicht minder wichtig. Das Ideal der *kalokagathía,* der Übereinstimmung von innerem Wert und äußerer Schönheit, blieb stets lebendig. Man achtete sehr genau auf das äußere Erscheinungsbild. Das wird wiederum aus zwei der schon besprochenen Xenophon-Stellen deutlich: Der junge Mann, den Sokrates in den *Memorabilien* auf den Weg des körperlichen Trainings ruft, macht einen schwächlichen Eindruck (3, 12, 1). Und den markanten Erscheinungen der in Ephesos übenden und konkurrierenden Griechen werden in den *Hellenika* die schlaffen und ungebräunten Körper der ›Barbaren‹ gegenübergestellt, die nackt auf dem Sklavenmarkt vorgeführt werden (3, 4, 18 f.). Es kann aus meiner Sicht kein Zweifel daran bestehen, dass die Nacktheit (*gymnós* – ›nackt‹), die im Sport der Griechen üblich war und die dem Gymnasion seinen Namen verliehen hat, mit dieser Bedeutung des Äußeren zusammenhängt.

Darüber hinaus muss die viel diskutierte Frage, ob die Ausbildung im Gymnasion eher intellektuell als physisch, ob sie eine sportliche oder eine militärische[19] war, relativiert werden. Die Zielsetzung lag in einer inneren, moralischen und insofern auch psychisch-geistigen Einstellung und Haltung. Diese sollte aber nicht zuletzt durch intensives körperliches Training in verschiedenen Formen erreicht werden und drückte sich dann auch in einer körperlichen Haltung aus, die sogar konkret bewertet werden konnte. Spezielle Übungen in sportlichen Disziplinen im engeren Sinne oder mit einer auch militärischen Bedeutung, wie zum Beispiel das Bogenschießen, gab es daneben auch. Aber wenn es um die Einstellung ging und um das Einleben in die Gemeinschaft, waren sie nicht entscheidend. Das zeigen Bedeutung und Verbreitung der drei

19 S. jetzt Chankowski 2010, S. 319–382.

genannten Eigenschaften Disziplin, Einsatzfreude und Haltung. Wir können hier Jacob Burckhardts berühmtes Diktum über die Geschichte (sie mache nicht klug für den einzelnen Fall, aber weise für immer) sinngemäß abwandeln im Hinblick auf diese Form der Sozialisation: Man wollte die jungen Menschen nicht (nur) dazu bringen, in einzelnen Prüfungen (ob sportlich oder militärisch) erfolgreich, sondern für immer gute Bürger zu sein.

Wie weit diese Form der Bildung und Erziehung seit der hellenistischen Epoche bis in die späte römische Kaiserzeit hinein in spezifischer Form konkret verbreitet war, kann hier nicht im Detail behandelt werden. Es ist aber durch zahlreiche Forschungsarbeiten sehr gut etabliert, dass die Institutionalisierung und die architektonische Ausgestaltung, ja Monumentalisierung des Gymnasions ein besonderes Merkmal des Hellenismus war, wie auch aus den hier präsentierten Beispielen und Befunden deutlich geworden sein sollte.[20] Paradigmatisch dafür ist die völlige Neu-Organisation der Ephebie in Athen, die der schon erwähnte führende Politiker Lykurgos nach der verheerenden Niederlage bei Chaironeia (338 v.Chr.) und angesichts der als Unterwerfung und Unterdrückung empfundenen makedonischen Herrschaft vorgenommen hatte. Wir hatten ja schon gesehen, dass die Maßnahmen des Menas in Sestos gut 200 Jahre später von demselben Geist geprägt waren.

Da wir hauptsächlich über normative Texte zu diesem Thema verfügen, haben wir wenig zuverlässige empirische Informationen über die konkrete soziale Verbreitung dieser Form der Erziehung und Sozialisation innerhalb der jeweiligen Poleis. Aus der Ausrichtung der hier vorgestellten und weiterer Texte auf die gesamte Gemeinschaft der freien Bürger lässt sich erschließen, dass man nicht nur die

20 Das zeigen nicht zuletzt die Beiträge in Kah/Scholz 2004.

Eliten im Auge hatte und dass man durch verschiedene unterstützende Maßnahmen wie die Finanzierung von Salböl auch versuchte, die Möglichkeiten für eine gymnastische Betätigung auch realiter zu schaffen. Ich kann in diesem Zusammenhang auf das wichtige neuere Buch von Andrzej S. Chankowski verweisen, dessen Ergebnisse sich mit den hier vorgetragenen Beobachtungen decken. Diese gründliche Studie vermittelt einen Eindruck von der empirischen Verbreitung des gesamten Phänomens. Hervorzuheben sind dabei auch die umfangreichen Informationen zur Organisation und Ausbildung von Männern, insbesondere von jungen Männern, in den verschiedenen Altersgruppen.[21]

Und gerade darauf kam es ja an; das war das entscheidende Element. Hier kann ich auf meinen Ausgangspunkt zurückkommen. Die Intensität und Verbreitung dieser ganz besonderen bürgerlichen Sozialisation im alten Griechenland, die sichtbar zu machen ich hier versuche, hatte sehr gute Gründe. Es liegt auf der Hand, dass diese für den Stadtstaat von vitalem Interesse war: Ständig mussten die Bürger der Polis mit bewaffneten Konflikten rechnen, die von außen drohten.[22] Mindestens ebenso dringend mussten sie darauf reagieren, dass die verbreitete Form des Bürgerkriegs in Griechenland, die Stasis, nicht ausgerottet werden konnte. Die Einheit nach innen, die *homónoia* (›Eintracht‹), war also von zentraler Bedeutung als wesentliche Grundlage für die Integration der bürgerlichen Körperschaft.

21 Vgl. dazu die ausführliche Diskussion der *néoi* durch B. Dreyer in: Kah/Scholz 2004, S. 211 ff.; sie werden auch von Chankowski 2010 berücksichtigt: zu Altersgruppen und ihren Unterschieden vgl. S. 90. 98 ff. 114. 238 ff. und insbesondere 240–269.

22 Dazu ist Chaniotis 2005 besonders instruktiv; für die Aspekte der Ausbildung s. Boulay 2014, S. 25–48.

Diese herzustellen oder zu ermöglichen versuchte man aber nicht (nur) durch Appelle und moralisch-geistige Unterweisung, sondern vornehmlich durch eine Formung des Körpers, mit Kraft und Eleganz, im ständigen Wiederholen und Üben, mit Anerkennung und Ehrung als Anreiz. Man hatte einen Sinn dafür, dass durch solche somatische Prägung auch psychisch-mentale Wirkungen zu erzielen waren. Und damit schlug man zwei Fliegen mit einer Klappe: Man stiftete Gemeinsinn und vermittelte zugleich die Konstitution, um in Krieg und Gefecht bestehen zu können.

Hier kommt einem Platons Löwe in den Sinn: Für das Wohlergehen der Polis, nach innen und nach außen, war man auf ihn angewiesen. Man brauchte seine raubtierhaften Eigenschaften, seine Gier und seine Kraft, sonst war man verloren. Aber man durfte diese nicht überhandnehmen lassen, sonst war man ebenfalls verloren. Also suchte man sie zu nutzen, indem man sie stärkte und zugleich zähmte, im Sinne einer Einordnung und mit einem Belohnungssystem, das gerade den Einsatz von Kraft und Geschicklichkeit für die Gemeinschaft belohnte. Und alles geschah im Wesentlichen über eine ganze Reihe von Jahren hinweg, in Lebensaltern, die für die Formung von Persönlichkeiten ausschlaggebend sind.

In diesem Zusammenhang ist die Tatsache, dass diese Form der gymnastischen Erziehung als spezifisch griechisch, ja sogar als Zeichen hellenischer Identität wahrgenommen wurde, zweifellos von besonderer Bedeutung. Bezeichnenderweise zeigt sich dies in einem Werk des geistreichen und – nicht zuletzt im 18. Jahrhundert – viel gelesenen Lukian, einem der uns durch zahlreiche Werke mit am besten bekannten Intellektuellen aus der Zeit und dem Kreis der sogenannten Zweiten Sophistik (2. Jahrhundert n. Chr.). In einer Epoche, in der die griechisch-hellenistische Kultur mehr und mehr im römischen Imperium aufging, selbst Kaiser griechischem Stil und griechischem Denken huldigten, war der Drang sehr stark, die eigenen großen Errungenschaften neben die der Römer zu stellen; die Parallelbiographien Plutarchs (jeweils ein Grieche und ein Römer stehen nebeneinander) sind ein treffendes Beispiel dafür. Das ging übrigens Hand in Hand mit einem literarisch-rhetorischen Revival der Klassiker, der großen Autoren des 5. und 4. Jahrhunderts v. Chr. Die Rückwendung zu vergangener Größe lag nicht zuletzt daran, dass die Griechen sich darüber im Klaren sein mussten, dass sie, bei allem Philhellenismus der Herrscher, »unter dem römischen Stiefel« lebten, wie es derselbe Plutarch formulierte.[23]

Das angesprochene Werk Lukians, der Dialog *Anacharsis,* gehört genau in diesen Kontext. Niemand würde behaupten, dass sich die griechische Polis hier auf dem Höhepunkt ihrer Geschichte befand. Sie war aber noch durchaus bedeutsam, als Zentrum lokaler und regionaler Organisation, des Gemeinschaftslebens, der Wirtschaft und der Kultur. Ihr teils blühender Reichtum ist in vielen Monumenten, auch Gymnasien, noch heute sichtbar. Auf die Selbstverwaltung ökonomisch gesunder und sozial geordneter Städte stützte sich die Verwaltung des Reiches. Den souveränen Spielraum, den bedeutende Poleis in der ›guten alten Zeit‹ gehabt hatten, gab es nicht mehr (man denke an die Metapher vom Stiefel). Viele Poleis waren zwar auch damals schon von anderen abhängig gewesen. Die römische Herrschaft jedoch war inkommensurabel und alternativlos.

Nichts davon ist an der Textoberfläche des *Anacharsis* zu spüren. Hier finden wir eine Polis, die im besten Sinne unabhängig und geradezu autark ist, als stände sie noch auf dem Höhepunkt. Wie in einem Schwanengesang wird

23 *Politiká parangélmata* (›Politische Ratschläge‹) 17, 813e.

sie noch einmal beschworen, im Sinne Platons, wie gut ein halbes Jahrtausend zuvor. Und so, in einer idealisierenden Retrospektive, die freilich durch den eleganten Autor ironisch gebrochen ist, blicken wir auf die Polis und das Gymnasion bzw. auf die Bedeutung der Gymnastik für das soziale und politische Leben. Auf diese Weise fasst Lukians *Anacharsis* genau das zusammen, was wir bisher über die Bedeutung der Bildung durch den Körper gesagt haben. Man hat immer wieder den Eindruck, als spräche etwa Xenophon zu uns.

Wie schon angedeutet, spielen Fragen der Identität eine wichtige Rolle. Dass für die Griechen und das Griechische gerade die hier behandelte spezifische Form der Leibesübungen und der ihnen gewidmete Ort, das Gymnasion, charakteristisch waren, wird schon in der namengebenden Figur eines Protagonisten des Dialogs erkennbar. Der geradezu sprichwörtliche skythische, also ›barbarische‹, Weise Anacharsis steht neben Solon, einem ebenso paradigmatischen Weisen aus dem griechischen Athen. Dabei handelte es sich natürlich um einen fiktiven Fremden, der schon immer nach dem Topos des ›edlen Wilden‹ stilisiert war. Genauer gesagt, ein griechischer Diskurs wird hier in ein Spannungsverhältnis zwischen Identität und Exotik gestellt: Was für den Griechen selbstverständlich war, wird spielerisch als vollkommen fremd wahrgenommen, buchstäblich verfremdet.

So wundert sich der Fremde über die Eigenheiten der griechischen Sportarten, die ihm sehr skurril vorkommen, geradezu Ausdruck von Verrücktheit (*manía*) sind, und er stellt ihren Nutzen, nicht zuletzt für die Kriegführung, in Frage. Andererseits wird er selber als Ausländer ironisiert (30). Wir werden von vornherein darauf gestoßen, dass Gymnastik hier als eine Besonderheit der griechischen Kultur dargestellt wird, die als solche tief in der griechischen Tradition verwurzelt und eindeutig gesetzlich geregelt ist (wie wiederum die Figur Solons nahelegt). Durch dieses Setting stellt sich der Dialog in einen verbreiteten literarischen, intellektuellen Diskurs, wie er für viele Themen und Gegenstände ebenfalls spezifisch für die griechische Kultur ist. In diesem Diskurs geht es um die Nützlichkeit gymnastischer Praktiken für die Stadt, die Polis, und damit um die Frage nach der sozialen Rolle der Leibesübungen, die uns hier interessiert.

Die erwähnte ironische Brechung erlaubt nun eine pointierte Diskussion und ermöglicht dem einen Dialogpartner (Solon) aufgrund der verwundert-skeptischen Fragen des anderen (Anacharsis) sehr klare Beschreibungen und Deutungen der im Gymnasion verbreiteten Aktivitäten. So kommt im Dialog eine bestimmte Ausrichtung zum Ausdruck, eine klare Position, eine Konzeption, eine richtungsweisende Idee, eine grundlegende Norm, in allen wesentlichen Facetten. Gerade die erwähnte Rahmung des Dialogs macht aber auch deutlich, dass es hier um eine Idealisierung geht, dass die Norm gleichsam im Reinzustand präsentiert wird. Man könnte also auch manches anders sehen und als ironisierende Übertreibung oder ironische Beschwörung vergangener Zeiten verstehen. Unabhängig davon, wie man also Lukians eigene Position *in puncto* Gymnastik einschätzen mag, der Bezug auf ihre Idee und ihren sozialen Nutzen bleibt gerade deshalb eine passende Präsentation der hier bisher besprochenen Konzepte und Praktiken, weil er so forciert ist. Man kann diese Präsentation folgendermaßen resümieren:

Die Polis – sie erscheint hier nach wie vor als die politische und soziale Organisationsform schlechthin – beruht im Wesentlichen auf ihren Bürgern und existiert gleichzeitig durch sie und in ihnen. Sie sind es, die die Polis bilden (20), und das Wohlergehen der Gemeinschaft hängt von ihren Eigenschaften ab. Es geht um die ›besten Bürger‹ (*áristoi polítai*) bzw. die besondere Qualität von Bürgern. Sie sind entscheidend für die bestmögliche staatliche Verfasstheit, für eine optimale Governance, wie wir heute sagen würden (14, vgl. 15. 20. 30). Für diese Exzellenz ist die Gymnastik wesentlich, also das, was man im Gymnasion macht, im Training wie im Wettkampf. Dies gilt schon ganz generell, im Hinblick auf das Körperliche wie auf das Seelisch-Geistige eines jeden Individuums. Wie die Existenz der Polis als sozialer Rahmen fraglos gegeben ist, so gehören auch Somatisches und Psychisches wie selbstverständlich zusammen, in fester Verbindung. Man mochte das zwar (wie auch wir) begrifflich unterscheiden, sah es aber immer in engster Wechselbeziehung.

Betrachtet man zunächst die physische Seite, so sind die Aktivitäten im Gymnasion förderlich für die Gesundheit und die Schönheit des Körpers, sowohl in der Substanz als auch in der Form, im Aussehen. Es geht um Kraft und Energie (15), aber auch um ›körperliche Schönheit‹ und – *notabene* – ›wundervolle Haltungen‹ (*kállē sōmátōn, euexíai thaumastaí*, 12). Schon das ist einer besseren Gesundheit dienlich und beugt Erschöpfungserscheinungen vor (26). Die enormen Erfahrungen von körperlichem Training und Wettkampf (*empeiríai deinaí*, 12) sowie die daraus resultierende unbändige Stärke (*ischýs ámachos*, 12) wirken sich aber auch positiv auf die Seele aus. Sie fördern den Mut, den Ehrgeiz, das Selbstvertrauen und die nicht enden wollende Lust auf den Sieg (*tólma, philotimía, gnṓmai aḗttētoi, spudḗ álēktos hypér tēs níkēs*, 12) – heute sprechen Fußballspieler von ›Gier‹.

Die auf diese Weise erworbenen Qualitäten wirken aber auch positiv auf das soziale und politische Leben, sie sind nützlich für die Polis, und das ist besonders charakteristisch und wichtig. In Zeiten des Friedens sind sie ein Gegenmittel gegen falsche Orientierungen und fragwürdige Ziele, nämlich gegen arrogantes und rücksichtsloses Verhalten (*hýbris*), das aus Freude an Üblem und aus Untätigkeit resultiert (30). Wir würden heute in unseren Worten sagen: Mit sportlich-gymnastischer Tätigkeit bekämpft man im Sinne der sozialen Normen anti- und asoziale Einstellungen und Verhaltensweisen. Ins Positive gewendet, fördert eine derartige Gymnastik den Gemeinschaftsgeist (*sympoliteúesthai*, 20), gerade weil sich alle Beteiligten, also die Bürger, in einem gemeinsamen Wettstreit (*koinós agṓn*) verbunden fühlen, der Freiheit und Wohlstand garantiert (15).

Noch wichtiger ist die gymnastische Betätigung für die Beziehung zur Außenwelt bzw. zu den auswärtigen Nachbarn der Polis, also im Extremfall einer Kriegssituation. Zunächst hat sie eine abschreckende Wirkung auf die anderen, weil die Trainierten schon äußerlich den Eindruck von Überlegenheit vermitteln, also ›für die Nachbarn furchterregend sind‹ (*phoberoí tois perioíkois*, 30). Vor allem aber bietet das Gymnastische eine Garantie für die Integrität, die Freiheit und den Wohlstand der Stadt gegenüber potenziellen und realen Feinden: Dank seiner kann man die Stadt in Zeiten des Krieges retten und ihre Freiheit und ihren Wohlstand bewahren (20). Gerade hierfür, und das heißt dann auch ganz konkret im Kampf selbst, sind die durch Sport geschulten Fähigkeiten der körperlichen Abhärtung (*karterṓtera ta sṓmata*) und Gewandtheit (*eumarṓs*) entscheidend (24 ff.). Die Verbindung von Härte und Eleganz,[24] von Substanz und Form, aber auch von Körper und Geist drückt sich vor allem in einer besonderen Ästhetik aus. Und genau für diesen zentralen Zusammenhang verwendet auch Lukian den Begriff *euexía*.

24 Vgl. Philostrat, Über *die Gymnastik* 6.

Er gebraucht ihn exakt in dem Sinne, den wir schon kennengelernt haben, mit Blick auf die Körperkonstitution, das körperliche Wohlbefinden. Bei ihm erfahren wir aber auch sehr schön, wie das aussieht und wie sich das anfühlt: Gut trainierte Menschen sind von der Sonne gebräunt und haben ein männliches Aussehen (*arrenōpoí*, 25). Sie sind weder zu dick noch zu dünn, sondern haben eine ausgewogene Gestalt (*sýmmetron*, 25). Wenn sie sich nackt zeigen, brauchen sie sich nicht zu schämen (39). Die *euexía* macht also die gute körperliche Konstitution nach außen in einer ansprechenden Figur sichtbar. Das kommt uns sehr bekannt vor. Und wir sehen hier ebenso, dass diese Konstitution nicht nur im physischen Sinne zu verstehen ist. Vielmehr macht die *euexía* in diesem Sinne auch die entscheidende psychosomatische Verbindung von körperlichem Training und psychischem Einsatz spürbar: Wer eine solche ›Wohlhaltung‹ hat, »der strahlt deutlich das Lebendige, Feurige und Männliche (*émpsychon, thermón, andrṓdes*) aus« (25).

Wie im klassischen Ideal der *kalokagathia* werden auch hier das Körperlich-Äußerliche und das Geistig-Innerliche zusammengesehen, in einer bemerkenswerten Melange des Physischen und des Mentalen. Es darf nicht vergessen werden, dass diese gymnastische Prägung im Sinne einer auf Körper und Seele ausgerichteten Erziehung von einer musikalischen und intellektuellen Erziehung begleitet, ja in gewisser Weise erst vollendet wurde. Und in dieser Hinsicht spielte die *mímēsis* eine wichtige Rolle (21 ff.). Aber der Ausgangspunkt und zugleich das Grundprinzip dieser Erziehung war die Verbindung und der Zusammenhang von Körperlichem und Geistigem. So stand am Anfang die Ausbildung des Körpers mit ihren psychischen und geistigen Begleitumständen und Wirkungen, derer man sich vollkommen bewusst war. Diese Wirkungen waren besonders relevant im sozialen Zusammenleben, im politischen Agieren und im militärischen Kampf.

Es geht in dem Dialog aber auch, wie schon bemerkt, um Fragen der Identität, des Grieche-Seins, der *Greekness.* Dem möchte ich mich jetzt zuwenden, weil sich unter diesem Aspekt charakteristische Entwicklungen ergeben haben. Die sportlich-gymnastischen Aktivitäten wurden, wie schon angedeutet, als eine griechische Besonderheit angesehen, als ein echter Indikator für die Zugehörigkeit zum Hellenentum. In seinem Dialog über das Schicksal (überliefert unter dem Namen ›Buch der Gesetze der Länder‹ [*Liber legum regionum*]) und ins Griechische und Lateinische übersetzt) widmet der syrische Philosoph Bardesanes (Bar-Daiṣān) von Edessa (154–222) eine Passage den Eigenschaften von Völkern. Sie ist, wie alle derartigen Charakterisierungen, recht pauschal, aber gerade dadurch repräsentativ für verbreitete Ansichten. Bardesanes hebt hervor, dass die Menschen überall in der Welt von ›Gesetz und Brauch‹ (*nómos, éthos*) geprägt seien, so dass beispielsweise die Griechen nicht von ihren gymnastischen Aktivitäten (*gymnázesthai gymnoís tois sṓmasin*) abgehalten werden könnten (so wenig wie etwa die Brahmanen von ihrer vegetarischen Diät oder die Römer vom Erobern).[25] Und das war weit mehr als Vorurteil.

In dem Maße nämlich, in dem der *Greek way of life* insbesondere in der hellenistischen Epoche weithin an Attraktivität gewann, wurde auch das Gymnastische besonders rezipiert. Das illustrieren zwei Beispiele von ganz unterschiedlicher Bedeutung und Reichweite, die aber

25 Bardesanes bei Eusebios *praeparatio evangelica* 6, 10, 35. In der lateinischen Übersetzung (François Nau [Hg.]: *Liber legum regionum* [*Patrologia Syriaca* 2], Paris 1907, S. 490–657) ist von »Gesetzen (*leges*) der Menschen, die nach ihrem Brauch (*consuetudo*) leben« (S. 599), die Rede.

ganz ähnlich gelagert sind. Bemühungen zweier Gemeinden um eine Statuserhöhung in den Rang einer Polis im 2. Jahrhundert v.Chr. zeigen das in einer frappierenden Übereinstimmung: der kleine phrygische Ort Tyriaion und das jüdische Zentrum Jerusalem. Geradezu *uno actu* wird die Polis eingerichtet und ein Gymnasion mit den entsprechenden Praktiken etabliert, und in beiden Fällen haben die jeweiligen lokalen Eliten (oder Teile davon) die Initiative und bleiben daran maßgeblich und engagiert beteiligt.[26]

In Jerusalem geschah dieses unter Jason aus der Dynastie der Oniaden, in der das Amt des Hohepriesters vererbt wurde. Er hatte dieses allerdings mit Unterstützung des seleukidischen Königs Antiochos IV. von seinem Bruder Onias III. usurpiert. Im Zusammenhang damit stand die von ihm betriebene Umwandlung Jerusalems in eine griechische Polis, unter dem auf den König bezogenen Namen Antiocheia, im Jahre 175/174. Auch wenn die späteren, in die Zeit der Kriege bzw. der Herrschaft der Hasmonäer gehörenden Quellen das als besondere Provokation gegenüber der jüdischen Tradition geißeln, hat es offenbar zunächst wenig Anstoß erregt. Eher könnte man sogar, geradezu im Gegensatz zu der späteren ›Verteufelung‹ als *akmē tis hellēnismoú* (›eine Art Gipfel der Hellenisierung‹),[27] von einer besonderen Attraktion des Gymnastischen auch in jüdischen Milieus sprechen. Sie wurde bezeichnenderweise gerade in der Diaspora sichtbar, insbesondere in den Metropolen Antiocheia und Alexandreia. Louis Robert hat ein mögliches Beispiel für Iasos erschlossen.[28] Nach Flavius

26 Hierzu s. jetzt Bernhardt 2017, S. 122–144.

27 2. Makkabäerbuch 4, 13

28 1946, S. 100f., vgl. K. Groß-Albenhausen in: Kah/Scholz 2004, S. 317–319. – In Hypaipa (bei Sardeis) gab es eine den griechischen Altersklassen analoge Einteilung von *Ioudaíoi neṓteroi* (ebd., S. 319).

Josephus hat bereits König Seleukos Nikator bei der Gründung von Antiocheia die Juden nicht nur den Griechen und Makedonen rechtlich gleichgestellt, sondern auch an der königlichen Stiftung von Öl für das Gymnasion partizipieren lassen – und dies kann geradezu als Ausdruck der Gleichberechtigung gesehen werden.[29]

In Alexandreia hatten die Juden einen relativ hohen Anteil an der Bevölkerung. Sie hatten dort eine eigenständige politische Organisation, ein *políteuma,* und waren als deren Angehörige auch *polítai.* Sie fühlten und verhielten sich aber auch wie Bürger von Alexandreia, die den Zugang zum Gymnasion bzw. zu den Gymnasien hatten, auch wenn sie über diesen Status offiziell nicht verfügten. Gerade die Frage der Zulassung zum Gymnasion war ein bitterer Streitpunkt zwischen Griechen und Juden in Alexandreia, zumal dort seit augusteischer Zeit mit dem Status des Polisbürgers von Alexandreia und der Zugehörigkeit zu »denen vom Gymnasion« (auf dem ägyptischen Territorium, der Chora) steuerliche Privilegien verbunden waren.[30] Aber nicht allein deshalb war das Gymnastische auch bei den Juden in Alexandreia populär. Das demonstriert ihr bedeutendster Repräsentant, Philon. Er greift in unterschiedlichen Zusammenhängen gerne auf Beispiele aus der Welt des Gymnasions und der Agone zurück.[31]

Ganz charakteristisch ist eine Passage aus seiner Abhandlung ›Über die Einzelgesetze‹ (*de specialibus legibus*), in der die mit dem vierten Gebot, dem Gebot der elterlichen

29 Josephus, *Jüdische Altertümer* 12, 119f. Die Juden konnten sich ihre Ansprüche auf das Stiftungsöl sogar kapitalisieren lassen, falls sie befürchteten, auf diese Weise nicht koscheres Öl konsumieren zu müssen (K. Bringmann in: Kah/Scholz 2004, S. 329).

30 Bringmann in: Kah/Scholz 2004, S. 330–332.

31 S. etwa Philon, Über die Einzelgesetze 2, 246; Über die Schöpfung der Welt 78; Über Joseph 81.

Liebe, verbundenen Vorschriften diskutiert werden. Die daraus resultierenden Verpflichtungen und Sanktionen werden hier mit philosophischen Argumenten begründet, unter anderem im Sinne der sozialen Gegenseitigkeit. Diese Passage verdient es, näher betrachtet zu werden, weil sie wesentliche Elemente der gymnastischen Erziehung kunstvoll formuliert. Ich zitiere sie deshalb vollständig:[32]

> Wer wären denn eher Wohltäter als die Eltern von Kindern, welche sie, die nicht existierten, hervorbrachten, für ihre Nahrung und danach für ihre körperliche und geistige Bildung (*paideía katá sõma kai psychḗn*) sorgten, damit sie nicht nur lebten, sondern auch gut lebten (*eu zēn*)? Dem Körper haben sie durch Gymnastik und Training (*gymnastikḗ kai aleiptikḗ*) zu Spannkraft (*eutonía*) und Wohlgestalt (*euexía*), zu Eleganz in Haltungen und Bewegungen (*schéseis kai kinḗseis eumareís*) verholfen, verbunden mit Taktgefühl und Anstand (*rhythmós, prépon*); bei der Seele haben sie das bewirkt durch Grammatik (*grámmata*) und Arithmetik (*árithmoi*), Geometrie (*geōmetría*) und Musik (*mousikḗ*) sowie die gesamte Philosophie (*sympásē philosophía*), die den dem sterblichen Körper innewohnenden Geist (*nous*) erhebt und bis zum Himmel bringt, wo sie ihm die dort lebenden seligen und glücklichen Wesen (*makáriai kai eudaímones phýseis*) zeigt. Damit ruft sie in ihm Eifer und Sehnsucht hervor nach der unwandelbaren und harmonischen Ordnung (*átreptos kai enarmónios táxis*), die diese Wesen im Gehorsam gegenüber ihrem Kommandeur (*taxíarchos*) niemals verlassen (*leípein*).

Diese Passage ist zunächst einmal ein schönes Beispiel für die Möglichkeit und auch die gelebte Realität einer griechisch-jüdischen Symbiose. Ihre letzte Zielsetzung ist tief in der spezifisch jüdischen Gottesverehrung verwurzelt:

32 *Über die Einzelgesetze* 2, 40, 229–230; vgl. Bringmann 2007, S. 250.

Die Erziehung zum Guten, die wir den Eltern verdanken, mündet in die Nähe zu Jahwe und in die Gemeinschaft mit den himmlischen Wesen, die ihn dauerhaft verehren. Dabei sticht aber schon ins Auge, dass diese letzte Erfüllung in die Sprache der Militärdisziplin gekleidet ist. Dies erinnert uns nicht nur an die Tatsache, dass die Juden im hellenistischen Ägypten und bis in die römischen Zeiten hinein eine wichtige militärische Rolle gespielt haben. Es zeigt auch in der Wortwahl – das Verratsdelikt der *leipotaxía* (›Verlassen der Schlachtreihe‹) klingt hier explizit an – einen Bezug zur griechischen Militärordnung und Disziplin. Damit drängt sich der Bezug zur *eutaxía* auf, von der schon mehrfach die Rede war.

Besonders auffällig ist nun aber die Voraussetzung für diese letzte Erfüllung der Erziehung. In zwei Stufen wird hier ein somato-psychisches Curriculum vorgestellt, das zutiefst im Kontext griechischer Sozialisation verankert ist. Gerade die Parallelen zu Lukians Dialog *Anacharsis* sind augenfällig. Ich kenne im Übrigen keine andere Stelle, an der dieses Bildungsideal gerade in seinen spezifischen Varianten in so knappen und genau treffenden Worten zusammengefasst ist. Man könnte in dieser Passage also auch eine Zusammenfassung wesentlicher Gesichtspunkte sehen, die bisher dargelegt wurden. Sie finden hier jedenfalls einen geradezu klassischen Ausdruck.

Zunächst halten wir vor allem fest, dass dieses griechische und hier jüdisch rezipierte Bildungsideal auf das ›gute Leben‹ abzielt – eine übrigens markante Orientierung gerade der aristotelischen Ethik – und auf eine genuine Verbindung körperlicher und psychisch-mentaler bzw. intellektueller Komponenten ausgerichtet ist. Von besonderer Bedeutung sind dabei die körperliche Gestimmtheit, die Rhythmik und die Anmut. Bezeichnenderweise taucht in diesem Zusammenhang auch der Schlüsselbegriff der *euexía* auf, und er gewinnt hier eine besondere Plastizität im Zusammenhang mit dem Rhythmisch-Eleganten; der Begriff *eutonía* signalisiert geradezu die Einheit von körperlicher Spannung, also muskulärer Kraft, und musikalischem Wohlklang, der aus der jeweiligen Spannung von Saiten resultiert.

Zugleich wird hier auch – im Sinne einer zweiten Stufe – die geistig-seelische Seite deutlich profiliert. In diesem Bereich herrscht eine klare Konzentration auf bestimmte Fähigkeiten, wir könnten geradezu schon von Fächern oder Disziplinen sprechen. Es geht um eine sprachliche, mathematisch-logische, musische und letztendlich philosophische Formung. Leicht ist hier ein Bezug zu den ›klassischen‹ *artes liberales* mit dem *Trivium* und dem *Quadrivium* zu erkennen, zu Grammatik, Dialektik und Rhetorik bzw. Arithmetik, Geometrie, Astronomie und Musik.

Kommen wir noch einmal auf Lukian zurück. Er zeigt sich mit allen Elementen und Facetten der gymnastischen Erziehung bestens vertraut und sieht auf sie, anders als Philon mit seiner individuellen Orientierung, vor allem im Hinblick auf ihre soziale und politische Bedeutung. In der Gewissheit darüber, dass es sich hier um ein spezifisches Merkmal der griechischen Kultur handelt, formuliert er diese in klarer Disposition und in einfacher, zugleich rhetorisch wirksamer Sprache. Er bringt so auf unübertreffliche Weise den genuinen Zusammenhang von körperlicher Ertüchtigung und politisch-sozialer Organisation, von Gymnasion und Polis, von Gymnastik und Gemeinsinn zum Ausdruck. Erziehung zum Bürger, Sozialisation also, erfolgt wesentlich durch eine besondere Form des Gymnastischen.

Lukian hat das, wie schon betont, exemplarisch zugespitzt und idealisiert. Aber mit diesem Blick auf die Idee und damit die Chancen der Bildung im Gymnasion repräsentiert er zugleich die langen Linien einer viele Jahrhunderte währenden Tradition, wie die ganze Fülle von Übereinstimmungen zeigt, gerade auch in dem Verständnis des Schlüsselbegriffs der *euexía.* Eben das macht den *Anacharsis* so wertvoll für alle, die sich für die griechische Gymnastik und ihre soziale Funktion interessieren. Wir haben auch gesehen, dass schon lange vor Lukian die verschiedenen Ideen über leib-seelische Zusammenhänge und daraus resultierende Bildungskonzepte auch einen Widerhall in der Lebenspraxis griechischer Städte gefunden hatten, intensiviert seit spätklassischer Zeit. Theorien waren virulent geworden.

Aber wie war das zur Zeit Lukians selbst? War seine Eloge auf den Wert des Sports für die Polis im 2. Jahrhundert n.Chr. nicht anachronistisch? Wozu brauchte man noch sonnengebräunte Krieger in einem Reich, in dem doch die Römer die Ordnung garantierten und tiefster Frieden herrschte? Welcher griechische Polisbürger griff noch zu den Waffen, um seine Heimat zu verteidigen? Handelt es sich nicht lediglich um einen nostalgischen Blick zurück, nach Art der Zweiten Sophistik, auf die alte Pracht einer als klassisch überhöhten Vergangenheit? Geht es nicht einfach nur – die Figur Solons könnte das andeuten – um eine Beschwörung der Polis der guten alten Zeit, in einer romantischen Perspektive?

Ich denke, gegenüber solchen Fragen lässt sich nicht bestreiten, dass Lukian für eine alte und große und jedenfalls vor ihm lebendige Tradition steht. Auch darüber hinaus sollte man aber meiner Meinung nach nicht zu skeptisch sein. Abgesehen davon, dass die Zweite Sophistik (wie der Forschungsstand zeigt[33]) kaum schlicht als ›romantisch‹ bezeichnet werden kann, zeigen die kontinu-

33 Vgl. Schmitz 1997; Wyss/Hirsch-Luipold/Hirschi 2017.

ierlichen Diskussionen zum Thema der gymnasialen Aktivitäten, dass es sich immer noch um einen lebendigen Diskurs innerhalb der griechischen Welt handelte. Neben dem *Anacharsis* ist in diesem Zusammenhang Philostrat der Jüngere (ca. 156–244/249) zu nennen, der in seinem Werk über die Gymnastik (*Gymnastikos*) die medizinischen Aspekte der gymnastischen Tätigkeit in den Vordergrund stellt.

Sofern die Verhinderung der inneren Kriege ein wesentliches Movens war, schienen Sorgen jetzt auch, wie im Hinblick auf äußere Kriege, unangebracht zu sein. Man darf aber nicht vergessen, dass jedenfalls die Hauptverantwortlichen, römische Kaiser und Gouverneure, im Hinblick darauf durchaus noch vorsichtig waren, wie eine Momentaufnahme zeigt. Der römische Senator Plinius der Jüngere war vom Kaiser Trajan in die Provinz Bithynia et Pontus geschickt worden, wo einiges im Argen lag (111–113 n.Chr.). Doch als Plinius etwa vorschlug, eine Gilde von Handwerkern zur Verbesserung der Brandbekämpfung zu bilden, lehnte der Kaiser mit dem Hinweis auf schlechte Erfahrungen gerade in jener Provinz ab: Zu groß sei die Gefahr einer Cliquenbildung, schnell würden solche Vereinigungen zu *hetaeriae*. Dieser Begriff ist aus dem Griechischen entlehnt, wo er, wie schon erwähnt, sehr häufig eng verschworene Gruppen in schweren Konflikten, geradezu Bürgerkriegsparteien, bezeichnete. Wenn der Kaiser ihn hier gebraucht, zudem in einem Atemzug mit dem ebenso konnotierten lateinischen Wort *factio*, denkt er ganz offensichtlich an Gruppen, von denen politische Umtriebe und überhaupt Unruhen ausgingen. Unruhen mochten die römischen Herren aber ganz und gar nicht. Entsprechend waren solche Hetairien verboten.[34]

34 Plinius, *Briefe* 10, 33, 3. 34, 1. 93. 96, 7.

Wenn schließlich sogar die *pax Romana* zusammenbrach, dann konnten auch Poleis noch beachtliche Energien entfalten und sogar langfristig bewahren. Das zeigte sich vor allem im Zusammenhang mit dem sogenannten Fünfkaiserjahr 193 n.Chr., als Pescennius Niger, Statthalter in Syrien, in seinem Konflikt gegen Septimius Severus die Unterstützung vieler griechischer Städte gewann. Byzantion hat sich noch über seinen Tod (194) hinaus drei Jahre lang verteidigt und sehr bitter für seine Loyalität bezahlt.[35] Das sind eher punktuelle Vorgänge, die man nicht überbewerten sollte. Sie können aber demonstrieren, dass der, sagen wir, Spirit der Stasis, aber auch des politisch-militärischen Engagements nicht erloschen war und unter einer glatten Oberfläche schlummern konnte. Jedenfalls gab es durchaus gute Gründe, sich auch jenseits von Gesundheitsvorsorge um die sportlich-gymnastischen Aktivitäten zu kümmern.

Direkte Zeugnisse zur konkreten sozialen Bedeutung der Bildung im Gymnasion im späten Hellenismus und der römischen Kaiserzeit (also seit 168 v.Chr.) haben wir nicht sehr viele. So können wir nicht konkret beantworten, wie weit die zahlenmäßige Beteiligung reichte. War, zugespitzt gesagt, die Sorge um den Betrieb des Gymnasions und dessen Besuch Sache aller Bürger oder wenigstens größerer Gruppen der Bürgerschaft? Oder war es zu einer Verschiebung von der bürgerlichen Sozialisation zur Formung einer sich mehr und mehr aristokratisch gebärdenden Oberschicht gekommen? War Bildung zu einem elitären Distinktionsmerkmal geworden? Solche Fragen kann man bis dato nicht wirklich beantworten. Wie so oft in Griechenland sind womöglich auch in diesem Punkt regionale Unterschiede zu erwarten. Es hat gewiss (wie wir aus anderen Zusammenhängen wissen) eine Tendenz

35 Cassius Dio, *Römische Geschichte* 74, 6, 3 f. 10–14.

zur Aristokratisierung des Gymnasions gegeben. Die hat sich aber erst allmählich entwickelt, bevor sie sich im Römischen Reich durchsetzte.[36] Die wichtigen prosopographischen Beobachtungen von Éric Perrin-Saminadayar zeigen solche Tendenzen in Athen bereits nach 229 v. Chr. Doch dieses »bevorzugte akademische und künstlerische Zentrum der mediterranen Elite«[37] war eine Ausnahme, die mit der besonderen Rolle dieser Stadt als ›Schule Griechenlands‹ zusammenhing.

Blicken wir auf die Zeit davor, die früh- und hochhellenistische Epoche, so gewinnt man den Eindruck, dass man stärker differenzieren muss. Zweifellos vergrößerten sich die politischen, sozialen und wirtschaftlichen Unterschiede, mit der markanten Herausbildung einer Honoratiorenschicht (innerhalb derer die erwähnten Tendenzen zur Aristokratie sich *peu à peu* geltend machten). Immer wieder aber intervenierte die Polis, und gerade auch ihre reichen Repräsentanten als Wohltäter (*euergétai*). Es ging darum, möglichst vielen Bürgern die Tätigkeiten im Gymnasion zu ermöglichen. Auch der alte demokratische Grundgedanke der politischen Gleichheit der Bürger blieb wirksam.[38] Hier war kein Platz für die Vorstellung einer exklusiven, ausschließlich einer bestimmten Elite vorbehaltenen Bildung. Diese war auf den Kreis der Bürger insgesamt orientiert. Das lag in der Natur der Sache und hat sich historisch lange gehalten. Wenn, dann verstand sich die Bürgerschaft selber als Elite.

In der Natur der Sache lag damit aber auch, dass diese Bildung durch den Körper in sich durchaus elitäre Züge

36 S. z.B. für Athen im Allgemeinen Wiemer 2011 (ein Sonderfall seit der hellenistischen Periode: Perrin-Saminadayar 2007).

37 Ebd., S. 633.

38 Zum Begriff der *isotēs* in diesem Rahmen vgl. Hamon 2012.

hatte, auch wenn alle angesprochen waren. Dafür sorgte schon die Ausrichtung auf besondere Qualitäten und Tugenden und die immense Bedeutung des Wettbewerbs. Im Grundsatz gleich und nach außen abgegrenzt, förderte man im Inneren leistungsorientierte Unterscheidungen. Im Grunde zeigt sich im Gymnasion die Mischung von politischer Gleichberechtigung und sozialer Differenzierung, die für die hellenistische Polis generell charakteristisch war. Ihre Eliten sind immer Teil der staatsbürgerlichen Körperschaft gewesen. Aber unter den Bürgern und in Bezug auf die Polis sollten sich gerade die Eliten – die *áristoi polítai*, von denen Lukian sprach – durch besondere Qualitäten ausweisen und ihren sozialen Rang insofern legitimieren. Diese Qualitäten, mit denen sie, nach Art eines Menas, ihre führende politische Rolle wahrnahmen, sollten sie auch und gerade durch eine besondere Formung erwerben – im Sinne der Gemeinschaft und auch der Einordnung (*eutaxía*). Der innere Krieg wurde ja nicht zuletzt durch die Ambitionen der Eliten begonnen und genährt.

Und genau deshalb stand die Frage im Zentrum, wie man den ehrpusseligen und erregbaren, energischen und egozentrischen Nachwuchs zu den Bürgern machte, die man brauchte. Man fand die Lösung in einer psychosomatischen oder besser somato-psychischen Erziehung, wie wir sie hier vorgestellt haben. Die jungen Leute sollten nicht zu wild und unkontrolliert sein, aber auch nicht zu brav und abgerichtet. Wucht und Wendigkeit, Fleiß und Technik, Einordnung in die Gemeinschaft und Entfaltung des persönlichen Ehrgeizes, all das sollte in richtiger Mischung (*sýmmetron*) verbunden werden. Mit einem Wort: Haltung (*euexía*) war Prinzip, Methode und Ziel dieser Art von Bildung. Und solche Haltung erwuchs aus der Bewegung, individuell wie kollektiv.

5. Zusammenfassung und Ausblick

Wir haben gesehen, wie die Bürger der Polis und ihr Führungspersonal ihre innere Konsistenz gegen die Kräfte des übermächtigen Bürgerzwistes zu bewahren und gleichzeitig die in diesen Kräften wirksame Energie zu ihren Gunsten einzusetzen suchten. Für die Sozialisierung war infolgedessen ein erheblicher Aufwand erforderlich. Und den betrieb man auch. Vor allem mussten die zukünftigen und jungen Bürger entsprechend geschult werden. Eine vielfältig strukturierte Ausbildung war die Antwort, und ihr Zentrum war das Gymnasion. Wie wir gesehen haben, ging es nicht um starre Disziplin und Abhärtung. Neben der Kraft gab es immer auch Eleganz, neben dem Laufen gab es den Tanz, neben dem Sport gab es die Musik. Man denke an die Trias ›Haltung, Leichtigkeit und Schönheit‹ (*euexía, elaphrótēs, kállos*) in Platons *Nomoi* (7, 795e). Es ist wichtig, diese Formen der Erziehung nicht als bloßen Zwang zu betrachten: Als reiner Druck und Drill wären sie auf Dauer nicht erfolgreich gewesen.

Solche Aktivitäten waren in sich attraktiv genug, wie jeder Freund aktiven Sports und praktizierter Musik bestätigen kann. Dazu kamen weitere Motivationen und Anreize, die Wettbewerbe mit ihren Preisen, Auszeichnungen und Belobigungen, in feierlichen Zeremonien und in feinen Denkmälern. Für Anerkennung, gerade auch nach außen sichtbare, war in überreichem Maße gesorgt. Kurzum, das soziale Kapital, das mit *philoponía*, *eutaxía* und *euexía* erworben werden konnte, war immens. Jubeln über den Sieg und Freude an der Anerkennung steigerten die Attraktivität noch erheblich. Die Wirkungen waren hellauf begeisternd und zutiefst befriedigend. Damit kommen einem ganz aktuelle, vor allem neurobiologische Forschungen zur Gehirnbildung und zum Lernen in den Sinn. Sie zeigen, wie stark sich gerade Begeisterung auf die Formung des Gehirns durch Lernen auswirkt, damit also – sagen wir es ruhig in Demokrits Worten – zum *physiopoieín*, zur ›Schaffung von Natur‹ beiträgt. Heute machen uns bildgebende Verfahren sichtbar, was kluge Köpfe seinerzeit durch präzise Beobachtung und eindringliches Nachdenken erkannten.

Das führt auch zu einem anderen Vergleich, der mit dem Schlüsselbegriff der *euexía* zusammenhängt und auch die Bedeutung der *héxis* in der praktischen Philosophie des Aristoteles mit einbezieht. Man hat nämlich an Pierre Bourdieus – heutzutage immer noch wirkungsmächtige – Theorie der Habitualisierung bzw. des Habitus zu denken, die ihrerseits auf phänomenologischen Konzepten von Leiblichkeit beruht (hier ist vor allem Maurice Merleau-Ponty zu nennen). In der griechischen Polis war der *sens pratique* (um den Begriff Bourdieus zu verwenden), der die Gesellschaft lenkte und zugleich immer wieder von ihr geformt wurde, in die Körper der Bürger eingeschrieben.[1] Wir sehen, dass dies auf eine sehr spezifische Art und Weise geschah, durch körperliche Übungen, besonders durch Gymnastik im Gymnasion, und dass sich die Griechen ihrerseits der hier zugrundeliegenden Interdependenzen von Leib und Seele voll bewusst waren.

1 Bourdieu 1980. Bourdieu selbst (1993, S. 552 ff.) bezeichnet Akte der körperlichen Gymnastik als »die fundamentalsten Metaphern«, s. dazu die Ausführungen von Gebauer/Wulf 1998, S. 46 ff. 262 ff.; zum Zusammenhang zwischen der aristotelischen *héxis* und dem Habitus-Konzept vgl. auch Katan 2016, S. 23. – Zu Motorik, Gewohnheit und motorischer Bedeutung (*signification motrice*) bei Merleau-Ponty s. ders. 1945, S. 177–183. In diesem Zusammenhang sei auf die Bedeutung phänomenologischer Theoreme in der aktuellen interdisziplinären anthropologischen Forschung hingewiesen, vgl. jetzt den Überblick Fuchs/Schlette/Tewes 2022.

Bei allen derartigen Übungen haben sich die Griechen besondere Mühe gegeben und ein beachtliches Engagement an den Tag gelegt. Dass sie sich immer wieder für diese besondere Art der Bildung einsetzten, dass sie sie institutionalisierten und langfristig praktizierten, dass sie ihre Vorzüge immer wieder lobten und offenbar auch immer wieder loben mussten, zeigt aber auch: Es gelang ihrer Polis nicht, ihren »inwendigen Explosivstoff« endgültig zu entschärfen. Aber dass sie das über so viele Jahrhunderte immer wieder versuchen konnte, macht zugleich deutlich, dass die Polis trotz all ihrer Probleme und bei allem Wandel sehr lange stabil blieb, übrigens viel länger als andere politische Organisationsformen. Die hier vorgestellte Lebendigkeit der Diskurse und Praktiken zeigt die hartnäckige Präsenz der Problematik und ist zugleich ein Zeugnis für die Lebenskraft dieses soziopolitischen Systems.

Dank überlieferter Erfahrung, genauer Beobachtung und eingehender Reflexion war es möglich, die körperlich-geistigen und somatisch-psychischen Zusammenhänge zu verstehen, die wir heute kennen und weiter erforschen können, dank bedeutender Ergebnisse vor allem auf dem Gebiet der Neurowissenschaften, gerade da, wo es um »erfahrungsabhängige Neuroplastizität«[2] geht, vor allem um die Wechselwirkungen zwischen Sich-Bewegen, Fühlen und Denken. Man könnte hier beispielsweise an die Forschungen denken, die den positiven Einfluss von Musik und Tanz auf die Sozialisierung von Jugendlichen aus benachteiligten Verhältnissen und mit verschiedenartigem Fehlverhalten zeigt. In einem interdisziplinären Dialog könnten wir Historiker untersuchen, unter welchen

2 Hüther 2011, S. 296; zur Förderung von prosozialem Verhalten durch Synchronisation auf musikalischer Basis s. etwa Patel 2008, S. 324.

kulturellen, sozioökonomischen und politischen Rahmenbedingungen sich entsprechende Praktiken artikulieren und über längere Zeiträume hinweg halten und zugleich verändern. So verweist uns der Blick zurück auf das, worauf wir heutzutage den Blick richten könnten und sollten – auf eine umfassende Bildung nicht zuletzt im Sinne eines gedeihlichen Zusammenlebens.

Bibliographie

J. Ch. Bernhardt: *Die Jüdische Revolution. Untersuchungen zu Ursachen, Verlauf und Folgen der hasmonäischen Erhebung,* Berlin 2017.

F. Bernstein: *Vergessen als politische Option. Zur Einhegung interner Konflikte in der Antike*, Stuttgart 2023.

N. Blößner: »Thymos«, in: *Historisches Wörterbuch der Philosophie,* hg. v. J. Ritter und K. Gründer, Bd. 10, Basel 1998, S. 1187–1192.

H. Börm: *Mordende Mitbürger. Stasis und Bürgerkrieg in griechischen Poleis des Hellenismus,* Stuttgart 2019.

Th. Boulay: *Arès dans la cite. Les* poleis *et la guerre dans l'Asie Mineure hellénistique,* Pisa/Rom 2014.

P. Bourdieu: *Le sens pratique,* Paris 1980 (dt. *Sozialer Sinn. Kritik der theoretischen Vernunft,* Frankfurt a.M. 1987).

P. Bourdieu: *Die feinen Unterschiede. Kritik der gesellschaftlichen Urteilskraft,* Frankfurt a.M. 1993 [orig. 1979].

K. Bringmann: »Judentum und Hellenismus«, in: G. Weber (Hg.): *Kulturgeschichte des Hellenismus. Von Alexander bis Kleopatra,* Stuttgart 2007, S. 242–259.

J. Burckhardt: *Werke Bd. 21: Griechische Culturgeschichte III. Die Kunst – Die Poesie – Zur Philosophie und Wissenschaft,* aus dem Nachlaß hg. v. L. Burckhardt, F. Graf und B. von Reibnitz, München/Basel 2002.

P. Ceccarelli: *La pirrica nell'antichità grecoromana: Studi sulla danza armata,* Pisa 1998.

A. Chaniotis: *War in the Hellenistic World. A Social and Cultural History,* Oxford 2005.

A.S. Chankowski: L'éphébie *hellénistique: Etude d'une institution civique dans les cités grecques des îsles de la Mer Égée et de l'Asie Mineure,* Paris 2010.

N. B. Crowther: »Euexia, Eutaxia, Philoponia: Three Contests of the Greek Gymnasium«, in: *Zeitschrift für Papyrologie und Epigraphik* 85 (1991), S. 301–304.

D.-K. = H. Diels/W. Kranz: *Die Fragmente der Vorsokratiker. Griechisch und deutsch,* Bd. I und II, Berlin ^{6}1951, 1952.

H. Flashar: *Hippokrates. Meister der Heilkunst,* München 2016.

Th. Fuchs/M. Schlette/Ch. Tewes: »Verkörperung«, in: Th. Meier u.a. (Hg.): *Umwelt – interdisziplinär: Grundlagen – Konzepte – Handlungsfelder,* Heidelberg 2022 (DOI: https://doi.org/10.11588/heidok.00031084).

Ph. Gauthier: *Les cités grecques et leurs bienfaiteurs (IVe – Ier siècle avant J.-C.): contribution à l'histoire des institutions,* Athen 1985.

Ph. Gauthier/M. B. Hatzopoulos: *La loi gymnarchiasique de Beroia,* Athen 1993.

G. Gebauer/Ch. Wulf (Hg.): *Spiel – Ritual – Geste. Mimetisches Handeln in der sozialen Welt,* Reinbek 1998.

H.-J. Gehrke: *Stasis. Untersuchungen zu den inneren Kriegen in den griechischen Staaten des 5. und 4. Jahrhunderts v.Chr.,* München 1985.

H.-J. Gehrke: »Die Griechen und die Rache. Ein Versuch in historischer Psychologie«, in: *Saeculum* 38 (1987), S. 121–149.

H.-J. Gehrke: »Bürgerliches Selbstverständnis und Polisidentität im Hellenismus«, in: K.-J. Hölkeskamp u.a. (Hg.): *Sinn (in) der Antike. Orientierungssysteme, Leitbilder und Wertkonzepte im Altertum,* Mainz 2003, S. 225–254.

H.-J. Gehrke: »Animal sociale. Menschwerdung und Gemeinschaftsbildung – Die Sicht eines Historikers«, in: *Nova Acta Leopoldina (Abhandlungen der Deutschen Akademie der Naturforscher Leopoldina)* NF 93.345 (2006), S. 9–32.

H.-J. Gehrke: »Stasis und Sozialisation. Überlegungen zur Funktion des Gymnastischen in der Polis«, in: H. Börm/M. Mattheis/J. Wienand (Hg.): *Civil War in Ancient Greece and Rome. Contexts of Disintegration and Reintegration,* Stuttgart 2016, S. 31–52.

H.-J. Gehrke: »Polis und Paideia. Zur Funktion des Gymnastischen in der Sozialisation griechischer Polisbürger«, in: O. Höffe/O. Primavesi (Hg.): *Bürger bilden,* Berlin/Boston 2019, S. 11–38.

P. Hamon: »Gleichheit, Ungleichheit und Euergetismus: die *isotēs* in den kleinasiatischen Poleis der hellenistischen Zeit«, in: Ch. Mann/P. Scholz (Hg.): *›Demokratie‹ im Hellenismus. Von der Herrschaft des Volkes zur Herrschaft der Honoratioren?,* Mainz 2012, S. 56–73.

K. Harter-Uibopuu/F. Mitthof (Hg.): *Vergeben und Vergessen? Amnestie in der Antike,* Wien 2013.

A. Heuß: »Aristoteles als Theoretiker des Totalitarismus«, in: *Antike und Abendland* 17 (1970), S. 11–44 (auch in: ders.: *Gesammelte Schriften in drei Bänden,* Bd. I, Stuttgart 1995, S. 103–146).

HGIÜ = *Historische griechische Inschriften in Übersetzung,* v. K. Brodersen, W. Günther und H. H. Schmitt, Bd. III, Darmstadt 1999.

G. Hüther: »Potenziale entfalten«, in: *Forschung & Lehre* 18.4 (2011), S. 296–297.

Inschriften von Sestos = J. Krauss (Hg.): *Die Inschriften von Sestos und der Thrakischen Chersones,* Bonn 1980.

M. Jehne: *Koine Eirene. Untersuchungen zu den Befriedungs- und Stabilisierungsbemühungen in der griechischen Poliswelt des 4. Jahrhunderts v. Chr.*, Stuttgart 1994.

J. Jüthner: *Philostratos, Über Gymnastik,* Leipzig/Berlin 1909.

D. Kah/P. Scholz (Hg.). *Das hellenistische Gymnasion,* Berlin 2004.

E. Katan: *Embodied Philosophy in Dance: Gaga and Ohad Naharin's Movement Research,* London 2016.

B. Kowalzig: »Changing Choral Worlds: Song-Dance and Society in Athens and Beyond«, in: P. Murray/P. Wilson (Hg.): *Music and the Muses. The Culture of Mousikē in the Classical Athenian City,* Oxford 2004, S. 39–65.

C. Laes/Y. Strubbe: *Youth in the Roman Empire: The Young and the Restless Years?,* Cambridge 2014.

N. Loraux: *La tragédie d'Athènes. La politique entre l'ombre et l'utopie,* Paris 2005.

L. A. Losada: *The Fifth Column in the Peloponnesian War,* Leiden 1972.

Ch. Mann: *Athlet und Polis im archaischen und frühklassischen Griechenland,* Göttingen 2001.

H. I. Marrou: *Geschichte der Erziehung im klassischen Altertum,* München 1977.

M. Merleau-Ponty: *Phénoménologie de la perception,* Paris 1945 [2004].

F. Nietzsche: *Götzen-Dämmerung. Was ich den Alten verdanke 3,* in: G. Colli/M. Montinari (Hg.): *Werke VI.3,* Berlin 1969.

A. D. Patel: *Music, Language, and the Brain,* Oxford 2008.

É. Perrin-Saminadayar: *Éducation, culture et société à Athènes. Les acteurs de la vie culturelle athénienne (229–88): un tout petit monde,* Paris 2007.

F. Quaß: *Die Honoratiorenschicht in den Städten des griechischen Ostens. Untersuchungen zur politischen und sozialen Entwicklung in hellenistischer und römischer Zeit,* Stuttgart 1993.

L. Robert: »Un corpus des inscriptions Juives«, in: ders.: *Hellenica* 3 (1946), S. 90–108.

L. Robert/J. Robert: *La Carie. Histoire et Géographie historique avec le recueil des inscriptions antiques. Bd. 2, Le plateau de Tabai et ses environs,* Paris 1954.

Th. Schmitz: *Bildung und Macht. Zur sozialen und politischen Funktion der zweiten Sophistik in der griechischen Welt der Kaiserzeit,* München 1997.

W. Schmitz: *Nachbarschaft und Dorfgemeinschaft im archaischen und klassischen Griechenland,* Berlin 2004.

E. Stein-Hölkeskamp/K.-J. Hölkeskamp: *Ethos – Ehre – Exzellenz. Antike Eliten im Vergleich,* Göttingen 2018.

J.-P. Vernant: *Mythe et société en Grèce ancienne* [1972], in: ders.: *Œuvres. Religions, Rationalité, Politique I,* Paris 2007, S. 613–809.

B. Waldenfels: *Das leibliche Selbst. Vorlesungen zur Phänomenologie des Leibes,* hg. v. R. Giuliani, Frankfurt a.M. 2000, [8]2021.

H.-U. Wiemer: »Von der Bürgerschule zum aristokratischen Klub? Die athenische Ephebie in der römischen Kaiserzeit«, in: *Chiron* 41 (2011), S. 487–537.

B. Wyss/R. Hirsch-Luipold/S.-J. Hirschi (Hg.): *Sophisten in Hellenismus und Kaiserzeit. Orte, Methoden und Personen der Bildungsvermittlung,* Tübingen 2017.

B. Zimmermann/A. Rengakos (Hg.): *Handbuch der griechischen Literatur der Antike. Zweiter Band. Die Literatur der klassischen und hellenistischen Zeit,* München 2014.